BERLITZ®

Türkisch
SPRACHFÜHRER
& WÖRTERBUCH

Einfach zu benutzen

- farbiges Register mit Kapitelbezeichnungen
- rascher Überblick auf der Seite gegenüber
- Hinweise fürs Trinkgeld hinten im Umschlag
- Antwortübersichten in jedem Kapitel

Wichtiges auf einen Blick

● Am besten beginnen Sie mit der **Anleitung zur Aussprache** (S. 6–9) und sehen sich danach **Die ersten Worte** (S. 10–15) an. So eignen Sie sich einen Grundwortschatz an und werden gleichzeitig mit der türkischen Aussprache vertraut.

● Einen allgemeinen Überblick gibt der **Inhalt** (S. 3–5). Jedes Kapitel enthält einfache Sätze und Redewendungen, gefolgt von Wörtern, die Sie je nach Bedarf einsetzen können, außerdem nützliche Reiseinformationen und Ratschläge.

● Am Anfang der Kapitel **Gaststätten** und **Einkaufsführer** stehen zusätzliche ausführliche Inhaltsangaben (Speisekarte, S. 39; Geschäfte, S. 97).

● Die **Kurzgrammatik** (S. 158–163) bringt Ihnen den türkischen Satzbau und andere Regeln näher.

● Wenn Sie schnell ein bestimmtes Wort brauchen, schlagen Sie im **Wörterverzeichnis** (S. 165–189) nach. Sie finden dort nicht nur die türkische Übersetzung, sondern auch einen Verweis auf die Seiten, wo das jeweilige Wort in einem Satz vorkommt.

● Das **farbige Register** mit Kapitelbezeichnungen in deutsch *und* türkisch ermöglicht rasches Nachschlagen. Bei Bedarf kann Ihr Gesprächspartner auch das **türkische Inhaltsverzeichnis** am Schluß des Buches benutzen.

● An verschiedenen Stellen im Buch werden Sie dem Symbol ☛ begegnen. Es kennzeichnet mögliche Fragen und Antworten Ihres türkischen Gesprächspartners. Falls Sie ihn nicht verstehen, zeigen Sie ihm das Buch und lassen ihn auf den zutreffenden türkischen Satz deuten. Die deutsche Übersetzung steht gleich daneben.

---

6. Auflage 1996
Printed in Spain

Inhalt

Reisen im Lande 65

Besichtigungen 80

Unterhaltung 86

Bekanntschaften 92

Einkaufsführer 97

Wir danken Frau Birgit Reymond und Frau Hülya Uzer für ihre Hilfe bei der Abfassung dieses Buches sowie Herrn Dr. T.J.A. Bennett für die Erstellung der Lautschrift.

Anleitung zur Aussprache

Dieses und das folgende Kapitel sollen Sie mit der von uns verwendeten Aussprachebezeichnung und dem Klang der türkischen Sprache vertraut machen.

Als minimales Reisevokabular haben wir für Sie eine Anzahl grundlegender Wörter und Sätze unter der Überschrift »Die ersten Worte« (Seite 10–15) zusammengestellt.

Überblick über die türkische Schreibung und Aussprache

Die von uns gewählte vereinfachte Umschrift ist wie Deutsch zu lesen; besondere Ausspracheregeln und Zeichen werden unten erläutert. Wenn Sie die folgenden Anleitungen sorgfältig beachten, sollten Sie mit dem Lesen unserer Aussprachebezeichnung keine Mühe haben und sich ohne weiteres verständlich machen können. Fettgedruckte Silben müssen mit mehr Betonung als die anderen gelesen werden. Hochgestellte Buchstaben werden nur flüchtig ausgesprochen.

Konsonanten

Buchstaben	Annähernde Aussprache	Lautschrift	Beispiel	
b, d, f, m, n, p, t	wie im Deutschen			
c	wie **dsch** in **Dsch**ungel	dsch	cep	dschäp
ç	wie **tsch** in deu**tsch**	tsch	çocuk	tscho**dschuk**
g	1) vor oder nach **a, ı, o** oder **u** wie in **g**ut	g	gam	gam
	2) vor oder nach **e, i, ö** oder **ü** wie in **g**ehen, aber mit folgendem flüchtigem j-Laut	g^{j}	göz	g^{j}ös

ğ	gibt an, daß der davorstehende Vokal lang ist		**dağ**	daa
h	immer wie in **h**at, auch nach einem Vokal	**h**	**hemen** **mahkeme**	**hä**män mahkä**mä**
j	wie **g** in Etage	ʒ	**müjde**	müʒ**dä**
k	1) vor oder nach **a, ı, o** oder **u** wie in **K**uh	**k**	**bakan**	ba**kan**
	2) vor oder nach **e, i, ö,** oder **ü** wie in **K**ies, aber mit folgendem flüchtigem **j**-Laut	$\mathbf{k^j}$	**kürek**	k^jü**räk**
l	wie im Deutschen, aber nach **a, ı, o** oder **u** oft ein »dunkles« **l** wie im englischen ba**ll**	**l**	**yıl**	jıl
r	ein Zungenspitzen-**r**, aber nicht gerollt; am Ende eines Wortes oft fast wie **sch** in ra**sch**	**r**	**kar**	kar
s	immer wie **ß** in Nu**ß**	**ss**	**masa**	**mas**sa
ş	wie **sch** in **sch**ön	**sch**	**şimşek**	schim**schäk**
v	wie **w** in **w**as, aber oft so schwach, daß es eher an ein **u** erinnert	**w**	**yuva**	ju**wa**
y	1) am Wortanfang oder nach einem Konsonanten wie **j** in **ja**	**j**	**yağ**	jaa
	2) zwischen **e, i, ö** oder **ü** und einem Konsonanten entspricht es einer Dehnung des Vokals		**öyle**	öö**lä**
	3) nach einem Vokal bildet **y** einen **i**-ähnlichen Teil eines Diphtonges	**j**	**şey**	schäj
z	immer wie **s** in Rose	**s**	**kız**	kıs

Vokale

Im Türkischen sind Vokale gewöhnlich kurz, aber sie können durch **ğ** oder **y** verlängert werden. In unserer Umschrift wird ein langer Vokal doppelt geschrieben.

ö, ü	wie im Deutschen

a	1) wie **a** in Mann 2) wenn lang, wie **aa** in Haar	**a** **aa**	**adam** **ağız**	**adam** **aaıs**
e	1) gewöhnlich wie **ä** in Männer 2) manchmal (besonders wenn lang) eher wie **ee** in See	ä ee	**evet** **değil**	äwät deeil
ı	ähnlich einem sehr offenen **i** wie in bitte; oder wie **u** in Lunge, aber mit gedehnten, nicht gerundeten Lippen	ı	**kış**	kısch
i	1) wenn kurz, eher wie in bis, aber etwas geschlossener 2) wenn lang, wie **ie** in dies	i ie	**bir** **iğne**	bir ienä
o	meistens wie in Auto, aber gelegentlich wie in offen	o	**on** **oğlan** **nokta**	on oolan nokta
u	wie **u** in Butter	u	**uzak** **uğrak**	usak uurak

â, î, û

1) Der Zirkumflex (ˆ) bedeutet, daß dem vorangehenden **g**, **k** oder **l** ein flüchtiger **j**-Laut folgt, z.B. **Lâtin** (l[j]**atin**).
2) Andernfalls bedeutet er, daß der Vokal lang ist.

Diphtonge

Sie bestehen meistens aus einem Vokal mit folgendem flüchtigem **i**-Laut. Die häufigsten sind:

ay	wie **ai** in Mai	aj	**ay**	aj
ey	wie **ä** in Männer mit folgendem schwachem **i**-Laut	äj	**bey**	bäj
oy	wie **eu** in neu	oj	**koy**	koj

Doppelkonsonanten

Ein Doppelkonsonant entspricht einem einzigen *langen,* nicht zwei getrennten Konsonanten (etwa wie das »lange k« in Ha**ckk**lotz).

Betonung

Die Silbenbetonung ist weniger ausgeprägt als im Deutschen. Sie ist sehr variabel und hängt teilweise von der Stelle im Satz ab, wo sich das Wort befindet, sowie von den verwendeten Suffixen.

Aussprache des türkischen Alphabets

A	a	**Ğ**	jumuschak g^{j}ä	**N**	nä	**U**	u
B	bä	**H**	hä	**O**	o	**Ü**	ü
C	dschä	**I**	ı	**Ö**	ö	**V**	wä
Ç	tschä	**İ**	ie	**P**	pä	**Y**	jä
D	dä	**J**	ʒä	**R**	rä	**Z**	sä
E	ä	**K**	k^{j}ä	**S**	ssä		
F	fä	**L**	lä	**Ş**	schä		
G	g^{j}ä	**M**	mä	**T**	tä		

Die ersten Worte

Ja.	**Evet.**	äwät
Nein.	**Hayır.**	hajır
Bitte.	**Lütfen.**	lütfän
Danke.	**Teşekkür ederim.**	täschäkk^{i}ür ädärim
Vielen Dank.	**Çok teşekkür ederim.**	tschok täschäkk^{i}ür ädärim
Bitte/Gern geschehen.	**Birşey değil.**	birschäj deeil
Entschuldigung/ Verzeihung.	**Özür dilerim/ Pardon.**	ösür dilärim/ pardon

Begrüßung *Selâmlama*

Guten Tag/Hallo.	**Merhaba.**	märhaba
Guten Morgen.	**Günaydın.**	g^{i}ünajdin
Guten Abend.	**İyi akşamlar.**	iji akschamlar
Gute Nacht.	**İyi geceler.**	iji g^{i}ädschälär
Auf Wiedersehen.	**Allahaısmarladık.*** **Güle güle.****	allahaıssmarladık g^{i}ülä g^{i}ülä
Bis bald.	**Yakında görüşürüz.**	jakında g^{i}örüschürüs
Das ist Herr ...	**Bu bay ...**	bu baj
Das ist Frau/ Fräulein ...	**Bu bayan ...**	bu bajan
Das ist mein Mann.	**Eşim (kocam).**	äschim (kodscham)
Das ist meine Frau.	**Eşim (karım).**	äschim (karım)
Sehr erfreut.	**Çok memnun oldum.**	tschok mämnun oldum
Wie geht es Ihnen/ dir?	**Nasılsınız/Nasılsın?**	nassılssınıs/nassılssın
Wie geht's?	**Ne var ne yok?**	nä war nä jok
Und Ihnen/dir?	**Siz nasılsınız/Sen nasılsın?**	ssis nassılssınıs/ssän nassılssın
Danke, gut.	**Teşekkür ederim, iyiyim.**	täschäkk^{i}ür ädärim ijijim

* sagt der, der geht; ** antwortet der, der bleibt

Fragen *Sorular*

Wo?	**Nerede?**	närädä
Wo ist ...?	**... nerede(dir)?**	... närädä(dir)
Wo sind ...?	**... nerede(ler)?**	... närädä(lär)
Wo finde ich ...?	**Nerede ... bulabilirim?**	närädä ... bulabilirim
Wo bekomme ich ...?	**Nerede ... alabilirim?**	närädä ... alabilirim
Wohin?	**Nereye?**	näräjä
Wer?	**Kim?**	k^{i}im
Was?	**Ne?**	nä
Was ist das?	**Bu ne?**	bu nä
Was bedeutet dies/das?	**Bu/Şu/O ne demek?***	bu/schu/o nä dämäk
Welcher/Welche/Welches?	**Hangi?**	hang^{i}i
Welcher Bus fährt nach ...?	**... e/a* hangi otobüs gider?**	... ä/a hang^{i}i otobüss g^{i}idär
Wann?	**Ne zaman?**	nä saman
Wann kommen wir an?	**Ne zaman varıyoruz?**	nä saman warıjorus
Wann öffnet/schließt ...?	**... ne zaman açılır/kapanır?**	... nä saman atschılır/kapanır
Wieviel?	**Kaç?**	katsch
Wie viele?	**Kaç tane?**	katsch tanä
Wieviel kostet das?	**Bu kaça?**	bu katscha
Wie?	**Nasıl?**	nassıl
Wie komme ich nach ...?	**... e/a nasıl gidebilirim?**	... ä/a nassıl g^{i}idäbilirim
Wie weit ist ...?	**... ne kadar uzaktır?**	... nä kadar usaktır
Wie lange?	**Ne kadar zaman?**	nä kadar saman
Wie heißt dies/das auf türkisch?	**Bunun/Şunun/Onun* Türkçesi ne?**	bunun/schunun/onun türktschässi nä
Stimmt das?	**Doğru mu?**	dooru mu
Warum?	**Neden?**	nädän
Wie bitte?	**Efendim?**	äfändim

* GRAMMATIK, Seite 161

Sprechen Sie ...? *... biliyor musunuz?*

Spricht hier jemand Deutsch?	**Burada Almanca bilen biri var mı?**	**bu**rada al**mand**scha bi**län** biri **war** mı
Ich spreche nicht (gut) Türkisch.	**(İyi) Türkçe bilmiyorum.**	(iji) **türk**tschä **bil**mi**jo**rum
Würden Sie bitte langsamer sprechen?	**Lütfen daha yavaş konuşur musunuz?**	**lüt**fän **da**ha ja**wasch** konu**schur mus**sunus
Wie sagt man das auf türkisch?	**Bunun Türkçesi nasıl söylenir?**	**bu**nun **türk**tschässi **nas**sıl ssöö**län**ir
Könnten Sie es bitte ...?	**Lütfen ... misiniz?**	**lüt**fän ... **mis**sinis
aufschreiben	**yazabilir**	jasabi**lir**
buchstabieren	**heceleyebilir**	hädschäläjäbi**lir**
erklären	**açıklayabilir**	atschıklajabi**lir**
übersetzen	**çevirebilir**	tschäwiräbi**lir**
wiederholen	**tekrarlayabilir**	täkrarlajabi**lir**
Bitte zeigen Sie mir ... im Buch.	**Lütfen bana ... kitapta gösteriniz.**	**lüt**fän bana ... k^{i}**itapta** g^{i}**össtär**inis
Ausdruck	**deyimi**	**dä**jimi
Satz	**cümleyi**	dschüm**lä**ji
Wort	**kelimeyi**	k^{i}äli**mä**ji
Einen Augenblick.	**Bir dakika.**	**bir** dak^{i}ika
Ich sehe nach, ob ich es in diesem Buch finde.	**Kitapta var mı, bakayım.**	k^{i}**itapta war** mı baka**jım**
Was heißt das?	**Bu ne demektir?**	**bu nä** dä**mäk**tir
Wie bitte?	**Efendim?**	ä**fän**dim
Ich verstehe, danke.	**Teşekkür ederim, anlıyorum.**	täschä**kk**^{i}**ür** ädärim anlı**jo**rum
Ich verstehe nicht.	**Anlamıyorum.**	anlamı**jo**rum
Verstehen Sie?	**Anlıyor musunuz?**	anlı**jor mus**sunus
Haben Sie ein Wörterbuch?	**Sizde bir sözlük var mı?**	**sis**dä bir **ssös**lük **war** mı
Ich finde die richtige Übersetzung nicht.	**Doğru çeviriyi bulamıyorum.**	**doo**ru tschäwi**ri**ji bu**la**mı**jo**rum
Ich bin nicht sicher, ob die Aussprache stimmt.	**Telaffuzun doğru olduğundan emin değilim.**	tälaffusun **doo**ru olduuundan ämin deeilim

Können Sie ...? *... edebilir misiniz?*

Kann ich ... haben?	**... rica edebilir miyim?**	... ridscha ädäbilir mijim
Können wir ... haben?	**... rica edebilir miyiz?**	... ridscha ädäbilir mijis
Können Sie mir ... zeigen?	**Bana ... gösterebilir misiniz?**	bana ... g^{i}össtäräbilir missinis
Können Sie mir sagen ...?	**Bana ... söyleyebilir misiniz?**	bana ... ssööläjäbilir missinis
Können Sie mir helfen?	**Bana yardım edebilir misiniz?**	bana jardım ädäbilir missinis
Können Sie mir den Weg nach ... zeigen?	**... e/a yolu bana gösterebilir misiniz?**	... ä/a jolu bana g^{i}össtäräbilir missinis

Wünsche *İstekler*

Ich hätte gern/ Ich möchte ...	**... istiyorum.**	... isstijorum
Geben Sie mir bitte dies/das.	**Bana bunu/şunu/ onu veriniz lütfen.**	bana bunu/schunu/ onu wärinis lütfän
Bringen Sie mir ...	**Bana ... getiriniz.**	bana ... g^{i}ätirinis
Zeigen Sie mir ...	**Bana ... gösteriniz.**	bana ... g^{i}össtärinis
Ich suche ...	**... arıyorum.**	... arıjorum
Ich brauche ...	**Bana ... lâzım.**	bana ... laasım

Haben/Sein*

Ich habe Hunger.	**Acıktım.**	adschıktım
Ich habe Durst.	**Susadım.**	ssussadım
Ich habe ... verloren.	**... kaybettim.**	... kajbättim
Ich habe mich verirrt.	**Kayboldum.**	kajboldum
Ich habe mich verspätet.	**Geç kaldım.**	g^{i}ädsch kaldım
Ich bin müde.	**Yorgunum.**	jorgunum
Ich bin Deutsche(r).	**Alman'ım.**	almanım

* GRAMMATIK, Seite 162

Es ist/Es gibt ... *... dur/dir/... vardır*

Es ist ...	**... dur/dir.**	... dur/dir
Es ist nicht ...	**... değildir.**	... deeildir
Ist es ...?	**... mudur/mıdır/ midir?**	... mudur/mıdır/ midir
Hier ist es.	**O buradadır.**	o buradadır
Es ist wichtig.	**Önemlidir.**	önämlidir
Es ist dringend.	**Aceledir.**	adschälädir
Es gibt.	**... var.**	... var
Es gibt keinen/keine/ kein ... (Einzahl)	**... yok.**	... jok
Es gibt keine ... (Mehrzahl)	**... yok.**	... jok
Gibt es ...?	**... var mı?**	... war mı

Mengen *Nicelikler*

wenig/ein wenig	**az/biraz**	as/biras
wenige/einige	**az/birkaç**	as/birkatsch
viel/viele	**çok**	tschok
mehr/weniger als	**daha çok/az**	daha tschok/as
genug/zu(viel)	**yeter/pek (çok)**	jätär/päk (tschok)

Gegensätze *Zıt anlamlılar*

alt/jung	**ihtiyar/genç**	ihtijar/g^{i}äntsch
alt/neu	**eski/yeni**	ässk^{i}i/jäni
billig/teuer	**ucuz/pahalı**	utschus/pahalı
draußen/drinnen	**dışarıda/içinde, içeride**	dıscharıda/itschindä itschäridä
frei/besetzt	**boş/dolu**	bosch/dolu
früh/spät	**erken/geç**	ärk^{i}än/g^{i}ätsch
gut/schlecht	**iyi/kötü**	iji/k^{i}ötü
heiß/kalt	**sıcak/soğuk**	ssıdschak/ssoouk
hier/dort	**burada/orada**	burada/orada
hinauf/hinunter	**yukarı/aşağı**	jukarı/aschaaı
leicht/schwer	**hafif/ağır**	hafif/aaır
leicht/schwierig	**kolay/zor**	kolaj/sor
nahe/weit	**yakın/uzak**	jakın/usak
offen/geschlossen	**açık/kapalı**	atschık/kapalı
richtig/falsch	**doğru/yanlış**	dooru/janlısch
schnell/langsam	**çabuk/yavaş**	tschabuk/jawasch
schön/häßlich	**güzel/çirkin**	g^{i}üsäl/tschirk^{i}in
voll/leer	**dolu/boş**	dolu/bosch
vorher/nachher	**önce/sonra**	öndschä/ssonra

Präpositionen *Öntakılar*

an/auf	**üzerinde**	üsärindä
außer	**dışında**	dıschında
bei	**yanında**	janında
bis	**kadar**	kadar
durch	**içinden**	itschindän
für	**için**	itschin
gegen (Richtung)	**doğru**	dooru
gegen	**karşı**	karschı
hinter	**arkasına/arkasında**	arkassına/arkassında
in	**içinde**	itschindä
mit	**ile**	ilä
nach (zeitlich)	**sonra**	ssonra
nach (räumlich)	**... e/a doğru**	... ä/a dooru
neben	**yanında**	janında
ohne	**... siz/sız/suz/süz**	... ssis/ssıs/ssus/ssüs
seit	**... den/dan beri**	... dän/dan bäri
über	**üstünde**	üsstündä
unter	**altında**	altında
von	**... dan/... den**	... dan/... dän
vor (zeitlich)	**önce**	öndschä
vor (räumlich)	**önünde**	önündä
während	**boyunca**	bojundscha
zu	**... e/a doğru**	... ä/a dooru
zwischen	**arasında**	arassında

Einige nützliche Wörter *Yararlı birkaç kelime*

aber	**fakat**	fakat
auch	**da, de**	da, dä
bald	**yakında**	jakında
dann	**sonra**	ssonra
immer	**daima**	daima
jetzt	**şimdi**	schimdi
nicht	**değil**	deeil
nicht mehr	**artık değil**	artık deeil
nichts	**hiç birşey**	hitsch birschäj
nie	**hiç**	hitsch
niemand	**hiç kimse**	hitsch k^{i}imssä
noch	**henüz/daha**	hänüs/daha
nur	**ancak, yalnız, sadece**	antschak, jalnıs, ssadädschä
oder	**veya/yoksa**	wäja/jokssa
schon	**henüz**	hänüs
sehr	**çok**	tschok
und	**ve**	wä
vielleicht	**belki**	bälk^{i}i

Ankunft

Paßkontrolle *Pasaport kontrolü*

Für die Einreise benötigen Sie lediglich einen gültigen Reisepaß. Impfungen sind nicht vorgeschrieben. Wenn Sie mit Ihrem eigenen Auto in die Türkei fahren, brauchen Sie: Führerschein (der internationale ist zu empfehlen), Kraftfahrzeugschein und grüne Versicherungskarte.

Hier ist mein(e) ...	**İşte ...**	ischtä
Paß	**pasaportum**	passaportum
Personalausweis (Identitätskarte)	**kimlik belgem**	k^{i}imlik bälg^{i}äm
Führerschein	**şoför ehliyetim**	schoför ählijätim
grüne Karte	**yeşil kartım**	jäschil kartım
Ich bleibe ...	**... kalacağım.**	... kaladschaaım
einige Tage	**Birkaç gün**	birkatsch g^{i}ün
eine Woche	**Bir hafta**	bir hafta
einen Monat	**Bir ay**	bir aj
Ich weiß es noch nicht.	**Henüz bilmiyorum.**	hänüs bilmijorum
Ich mache hier Ferien.	**Burada tatil yapıyorum.**	burada tatil japıjorum
Ich besuche einen Sprachkurs.	**Bir dil kursuna devam ediyorum.**	bir dil kurssuna däwam ädijorum
Ich bin geschäftlich hier.	**Burada iş için bulunuyorum.**	burada isch itschin bulunujorum
Ich bin auf der Durchreise.	**Transit geçiyorum.**	transsit g^{i}ätschijorum

Sollte es Schwierigkeiten geben:

Es tut mir leid, ich verstehe nicht.	**Üzgünüm, anlamıyorum.**	üsg^{i}ünüm anlamıjorum
Spricht hier jemand Deutsch?	**Burada Almanca bilen biri var mı?**	burada almandscha bilän biri war mı

GÜMRÜK
ZOLL

AUTO, Seite 75

Zollfrei dürfen Sie ein- oder ausführen:

nach:	Zigaretten	Zigarren	Tabak	Spirituosen	Wein
Türkei	400 oder	50 oder	200 g	5 l*	
Deutschland	200 oder	50 oder	250 g	1 l und	2 l
	(300)	(75)	(400 g)	(1 l)	(5 l)
Österreich	200 oder	50 oder	250 g	1 l und	2 l
Schweiz	200 oder	50 oder	250 g	1 l und	2 l

*in angebrochenen Flaschen, und 3 l davon dürfen auch Whisky sein.

(Die Zahlen in Klammern gelten für aus einem EG-Land einreisende Personen, die *nicht* zollfrei gekaufte Waren mit sich führen.)

vergiye tabi eşya abgabenpflichtige Waren	**vergiden muaf eşya** abgabenfreie Waren

Ich habe nichts zu verzollen.	**Deklare edecek birşeyim yok.**	däklarä ädä**dschäk** bir**schä**jim **jok**
Ich habe eine Flasche Wein/eine Stange Zigaretten.	**Bir şişe şarabım/ Bir karton sigaram var.**	**bir schi**schä **scha**rabım/ **bir** kar**ton** ssiga**ram** **war**
Das ist ein Geschenk.	**Şu hediyedir.**	**schu** hä**di**jädir
Es ist für meinen persönlichen Gebrauch.	**Bu kendi kişisel ihtiyacım içindir.**	**bu k^{i}än**di **k^{i}**ischissäl ihti**ja**dschım itschin**dir**
Es ist nicht neu.	**Yeni değildir.**	**jä**ni dee**il**dir

Pasaportunuz, lütfen.	Ihren Paß, bitte.
Deklare edecek birşeyiniz var mı?	Haben Sie etwas zu verzollen?
Bunun için gümrük ödemeniz lâzım.	Das müssen Sie verzollen.
Başka bagajınız var mı?	Haben Sie noch mehr Gepäck?

Gepäck – Gepäckträger *Bagaj – Hamal*

Wo stehen die Gepäckhandwagen (Kofferkulis)?	**Bagaj arabaları nerede?**	bagaʒ arabaları närädä
Wo ist/sind …?	**… nerede?**	… närädä
Gepäckaufbewahrung	**Bagaj deposu**	bagaʒ däpossu
Schließfächer	**Emanet kasaları**	ämanät kassaları
Gepäckträger!	**Hamal!**	hamal
Nehmen Sie bitte …	**Lütfen … alın.**	lütfän … alın
dieses Gepäck	**bu bagajı**	bu bagaʒı
meinen Koffer	**bavulumu**	bawulumu
meine Tasche	**çantamı**	tschantamı
Bringen Sie dieses Gepäck bitte zum Bus/Taxi.	**Lütfen bu bagajı otobüse/taksiye taşıyın.**	lütfän bu bagaʒı otobüssä/takssijä taschıjın
Wieviel kostet das?	**Bu kaça?**	bu katscha
Es fehlt ein Gepäckstück.	**Bir parça bagaj eksik.**	bir partscha bagaʒ äkssik

Geldwechsel *Kambiyo*

Banken *(banka)* sind Montag bis Freitag 8.30 oder 9.00 bis 17.00 oder 17.30 Uhr geöffnet – mit einer Mittagspause von 12.30 bis 13.00 oder 13.30 Uhr. Geldwechsel ist im allgemeinen bis 16.00 Uhr möglich.

Wo ist die nächste Bank/Wechselstube?	**En yakın banka/kambiyo bürosu nerededir?**	än jakın banka/kambijo bürossu närädädir
Können Sie diese Reiseschecks einlösen?	**Bu seyahat çeklerini bozabilir misiniz?**	bu ssäjahat tschäklärini bosabilir missinis
Ich möchte … wechseln.	**… bozdurmak istiyorum.**	… bosdurmak isstijorum
D-Mark	**Alman markı**	alman margı
österreichische Schilling	**Avusturya şilini**	awussturja schilini
Schweizer Franken	**İsviçre frangı**	isswitschrä frangı
Wie ist der Wechselkurs?	**Kambiyo kuru nedir?**	kambijo kuru nädir

BANK UND GELDANGELEGENHEITEN, Seite 129

Wo ist ...? *...nerededir?*

Wo finde ich ein Taxi?	**Nerede bir taksi bulabilirim?**	närädä bir takssi bulabilirim
Wo kann ich ein Auto mieten?	**Nerede bir otomobil kiralayabilirim?**	närädä bir otomobil k^{i}iralajabilirim
Wie komme ich nach/zu ...?	**... e/a nasıl gidebilirim?**	... ä/a nassıl g^{i}idäbilirim
Fährt ein Bus ins Stadtzentrum?	**Şehir merkezine bir otobüs gidiyor mu?**	schähir märk^{i}äsinä bir otobüss g^{i}idijor mu
Wo ist ...?	**... nerededir?**	... närädädir
Bahnhof	**İstasyon**	isstassjon
Bushaltestelle	**Otobüs durağı**	otobüss duraaı
Fahrkartenschalter	**Bilet gişesi**	bilät g^{i}ischässi
Fremdenverkehrsbüro	**Turizm bürosu**	turism bürossu
Informationsschalter	**Danışma gişesi**	danıschma g^{i}ischässi
Platzreservierung	**Rezervasyon bürosu**	räsärwassjon bürossu
Postamt	**Postane**	posstanä
U-Bahn	**Metro**	mätro

Hotelreservierung *Otel rezervasyonu*

Haben Sie ein Hotelverzeichnis?	**Bir otel listeniz var mı?**	bir otäl lisstänis war mı
Was kostet eine Übernachtung?	**Bir gecelik ücret ne kadar?**	bir g^{i}ädschälik üdschrät nä kadar
Haben Sie nichts Billigeres?	**Daha ucuz hiçbir şeyiniz yok mu?**	daha udschus hitschbir schäjinis jok mu
Können Sie mir ein Zimmer reservieren?	**Bana bir oda rezerve edebilir misiniz, lütfen?**	bana bir oda räsärwä ädäbilir missinis lütfän
im Zentrum	**merkezde**	märk^{i}äsdä
in Bahnhofsnähe	**istasyon yakınlarında**	isstassjon jakınlarında
ein Einzelzimmer	**bir tek yataklı oda**	bir täk jataklı oda
ein Doppelzimmer	**bir çift yataklı oda**	bir tschift jataklı oda
nicht zu teuer	**çok pahalı olmayan**	tschok pahalı olmajan
Wo liegt das Hotel/die Pension?	**Otel/Pansiyon nerede?**	otäl/panssijon närädä
Haben Sie einen Stadtplan?	**Bir şehir plânınız var mı?**	bir schähir plaanınıs war mı

HOTEL – UNTERKUNFT, Seite 22

Autoverleih *Otomobil kiralama*

Internationale und einheimische Firmen sind in allen größeren Städten und auf den internationalen Flughäfen vertreten. Erkundigen Sie sich im voraus nach Preisnachlässen bei einwöchiger und monatlicher Mietdauer oder sonstigen Sondertarifen. Mitunter benötigen Sie den internationalen Führerschein. Je nach Verleihfirma und Modell wird vom Fahrer ein Mindestalter von 19, 21, 25 oder 28 Jahren verlangt.

Ich möchte ein ... Auto mieten.	**... bir otomobil kiralamak istiyorum.**	bir otomobil k^{i}iralamak isstijorum
kleines	**Küçük**	k^{i}ütschük
mittleres	**Orta büyüklükte**	orta büjüklüktä
großes	**Büyük**	büjük
mit Automatik	**otomatik vitesli**	otomatik witässli
Für einen Tag/ eine Woche.	**Bir gün/Bir hafta için.**	bir g^{i}ün/bir hafta itschin
Was kostet es pro Tag/Woche?	**Günlük/Haftalık kirası ne kadardır?**	g^{i}ünlük/haftalık k^{i}irassı nä kadardır
Gibt es Wochenend-pauschalen?	**Hafta sonu indirimi var mı?**	hafta ssonu indirimi war mı
Haben Sie Sondertarife?	**Özel tarifeniz var mı?**	ösäl tarifänis war mı
Ist das Kilometergeld inbegriffen?	**Kilometre ücreti dahil mi?**	k^{i}ilomäträ üdschräti dahil mi
Wieviel kostet es pro Kilometer?	**Kilometre başına ücret ne kadar?**	k^{i}ilomäträ baschına üdschrät nä kadar
Ich möchte eine Vollkaskoversicherung.	**Tam kasko sigorta istiyorum.**	tam kassko ssigorta isstijorum
Wieviel muß ich hinterlegen?	**Ne kadar depozito yatırmam lâzım?**	nä kadar däposito jatırmam laasım
Ich habe eine Kreditkarte.	**Kredi kartım var.**	krädi kartım war
Hier ist mein Führerschein.	**İşte şoför ehliyetim.**	ischtä schoför ählijätim
Ich möchte den Wagen in ... zurückgeben.	**Arabayı ... de/da geri vermek istiyorum.**	arabajı... dä/da g^{i}äri wärmäk isstijorum

AUTO, Seite 75

Taxi *Taksi*

Taxis *(taksi)* sind in größeren Städten mit Taxametern ausgestattet. Gelb-schwarz-karierte Bänder markieren die Wagen. Nach Einbruch der Dunkelheit werden Sie in den Großstädten wahrscheinlich laufend von Taxifahrern «angehupt». Sie wollen Ihnen so zu verstehen geben, daß sie frei sind.

Wo finde ich ein Taxi?	**Nerede bir taksi bulabilirim?**	närädä bir takssi bulabilirim
Bestellen Sie mir bitte ein Taxi.	**Bana bir taksi çağırın, lütfen.**	bana bir takssi tschaaırın lütfän
Was kostet die Fahrt bis ...?	**... e/a ücret ne kadardır?**	... ä/a üdschrät nä kadardır
Wie weit ist es bis ...?	**Orası ... e/a ne kadar uzaktır?**	orassi ... ä/a nä kadar usaktır
Bringen Sie mich ...	**Beni ... götürün.**	bäni ... g^{i}ötürün
zu dieser Adresse	**bu adrese**	bu adrässä
zum Bahnhof	**istasyona**	isstassjona
zum Flughafen	**havaalanına**	havaalanına
zum Hotel ...	**... Oteline**	... otälinä
ins Stadtzentrum	**şehir merkezine**	schähir märk^{i}äsinä
Ich habe es eilig.	**Acelem var.**	adschäläm war
Biegen Sie an der nächsten Ecke ... ab.	**İlk köşeden ... dönün.**	ilk k^{i}öschädän ... dönün
links/rechts	**sola/sağa**	ssola/ssaaa
Fahren Sie geradeaus.	**Doğru gidin.**	dooru g^{i}idin
Halten Sie hier, bitte.	**Burada durun, lütfen.**	burada durun lütfän
Würden Sie bitte etwas langsamer fahren?	**Biraz daha yavaş gidebilir misiniz lütfen?**	biras daha jawasch g^{i}idäbilir missinis lütfän
Könnten Sie mir beim Gepäcktragen helfen?	**Çantalarımı taşımama yardım eder misiniz?**	tschantalarımı taschımama jardım ädär missinis
Würden Sie bitte auf mich warten?	**Lütfen beni bekler misiniz?**	lütfän bäni bäklär missinis
Ich bin in 10 Minuten zurück.	**10 dakikada geri dönerim.**	10 dak^{i}ikada g^{i}äri dönärim

TRINKGELD, 3. Umschlagseite

Hotel – Unterkunft

Die Einteilung von Hotels, Motels und Pensionen in Kategorien von einem bis zu fünf Sternen stammt vom türkischen Ministerium für Kultur und Tourismus. Die Luxus-Hotels bieten einen Komfort, der durchaus dem internationalen Standard entspricht. Wenn Sie dem Touristenrummel ausweichen wollen, müssen Sie sich durchweg mit bescheidenen Unterkünften begnügen, wo meist eigene Bettwäsche oder Schlafsack mitzubringen sind.

Otel (otäl)	In nahezu allen größeren Städten kann man in Drei- oder Viersternehotels absteigen, doch Luxushotels gibt es nur in Ankara, Istanbul, Bursa, Izmir, Antalya und Adana.
Motel (motäl)	Motels gibt es in drei Kategorien. Sie sind fast immer mit Dusche, Toilette und Radio ausgestattet und manche auch mit Klimaanlage und Kühlschrank. Normalerweise bieten sie zwei Personen Platz, für Kinder stellt man gern noch ein Bett hinein.
Pansiyon (panssiyon)	Pensionen locken mit Einblicken in die türkische Lebensweise. Frühstück ist im Preis enthalten, und manchmal kann man auch die Küche und den Kühlschrank mitbenutzen.
Tatil köyü (tatil k^{i}ööü)	In Feriendörfern an der See gibt es möblierte Wohnungen mit Kochgelegenheit. In der Nähe finden Sie immer einen Laden und ein Restaurant.

Können Sie mir ein Hotel/eine Pension empfehlen?	**Bana bir otel/bir pansiyon tavsiye edebilir misiniz?**	bana bir otäl/bir panssijon tawssijä ädäbilir missinis
Gibt es hier in der Nähe eine Jugendherberge?	**Yakında bir öğrenci yurdu var mı?**	jakında bir öörändschi jurdu war mı
Kann man hier ... mieten?	**İnsan burada ... kiralayabilir mi?**	inssan burada ... k^{i}iralajabilir mi
Ferienhäuser	**tatil evi**	tatil äwi
Ferienwohnung	**tatil için daire**	tatil itschin dairä

CAMPING, Seite 32

Empfang *Resepsiyon*

Haben Sie noch freie Zimmer?	**Halâ boş oda var mı?**	halaa bosch oda war mı
Mein Name ist ...	**Soyadım ... dır.**	ssojadım ... dır
Ich habe reservieren lassen.	**Rezervasyonum var.**	räsärwassjonum war
Wir haben zwei Zimmer reservieren lassen.	**İki oda rezerve ettirdik.**	ik^{i}i oda räsärwä ättirdik

KİRALIK ODA	DOLU
ZIMMER FREI	BESETZT

Hier ist die Bestätigung.	**İşte konfirmasyon.**	ischtä konfirmassjon
Ich möchte ein ...	**... istiyorum.**	... isstijorum
Einzelzimmer	**Tek kişilik bir oda**	täk k^{i}ischilik bir oda
Doppelzimmer	**Çift kişilik bir oda**	tschift k^{i}ischilik bir oda
Zimmer mit ...	**... bir oda**	... bir oda
zwei Betten	**İki yataklı**	ik^{i}i jataklı
Doppelbett	**Çift kişilik geniş yataklı**	tschift k^{i}ischilik g^{i}änisch jataklı
Bad	**Banyolu**	banjolu
Dusche	**Duşlu**	duschlu
Wir möchten ein Zimmer ...	**... bir oda istiyoruz.**	... bir oda isstijorus
mit Balkon	**Balkonlu**	balkonlu
nach vorn	**Ön tarafta**	ön tarafta
nach hinten	**Arka tarafta**	arka tarafta
mit Blick auf den See/die Berge/das Meer	**Göl/Dağ/Deniz manzaralı**	g^{i}öl/daa/dänis mansaralı
Es muß ruhig sein.	**Sakin bir yer olsun.**	ssak^{i}in bir jär olssun
Gibt es ...?	**... var mı?**	... war mı
eigene Toilette	**Kendi tuvaleti**	k^{i}ändi tuwaläti
warmes Wasser	**Sıcak su**	ssıdschak ssu
Heizung	**Isıtma**	ıssıtma
Klimaanlage	**Soğuk hava tertibatı**	ssoouk hawa tärtibatı

ABREISE, Seite 31

Radio/Fernseher im Zimmer	**Odada radyo/televizyon**	odada radjo/tälä-wisjon
Wäschedienst	**Çamasır servisi**	tschamassır ssärwissi
Zimmerbedienung	**Oda servisi**	oda ssärwissi
Könnten Sie noch ein (Kinder-)Bett ins Zimmer stellen?	**Odaya (çocuk için) bir yatak daha koyabilir misiniz?**	odaja (tschodschuk itschin) bir jatak daha kojabilir missinis

Wieviel? *Ne kadar?*

Wieviel kostet es ...?	**... ücret ne kadardır?**	... üdschrät nä kadardır
pro Nacht	**Bir gecelik**	bir g^{i}ädschälik
pro Woche	**Bir haftalık**	bir haftalık
ohne Mahlzeiten	**Yemek hariç**	jämäk haritsch
mit Halbpension	**Yarım pansiyon**	jarim panssijon
mit Vollpension	**Tam pansiyon**	tam panssijon
Ist das Frühstück inbegriffen?	**Buna kahvaltı dahil mi?**	buna kahwaltı dahil mi
Ist die Kurtaxe inbegriffen?	**Buna vergi dahil mi?**	buna wärg^{i}i dahil mi
Gibt es Ermäßigung für Kinder?	**Çocuklar için indirim var mı?**	tschodschuklar itschin indirim war mı
Berechnen Sie etwas für das Baby?	**Bebek için biraz ücret alıyor musunuz?**	bäbäk itschin biras üdschrät alıjor mussunus
Das ist zu teuer.	**Çok pahalı.**	tschok pahalı
Haben Sie nichts Billigeres?	**Daha ucuz hiçbir şeyiniz yok mu?**	daha udschus hitschbir schäjinis jok mu

Wie lange? *Ne kadar zaman?*

Wir bleiben ...	**... kalacağız.**	... kaladschaaıs
nur eine Nacht	**Sadece bir gece**	ssadädschä bir g^{i}ädschä
ein paar Tage	**Birkaç gün**	birkatsch g^{i}ün
(mindestens) eine Woche	**Bir hafta (en az)**	bir hafta (än as)
Ich weiß es noch nicht.	**Henüz bilmiyorum.**	hänüs bilmijorum

ZAHLEN, Seite 148

Entscheidung *Karar*

Kann ich das Zimmer sehen?	**Odayı görebilir miyim?**	odajı g^{i}öräbi**lir** mijim
Gut, ich nehme es.	**Güzel, kiralıyorum.**	g^{i}üsäl k^{i}iralıjorum
Nein, es gefällt mir nicht.	**Hayır, beğenmedim.**	hajır beeänmädim
Es ist zu ...	**Çok ...**	**tschok**
kalt/warm dunkel/klein laut	**soğuk/sıcak** **karanlık/küçük** **gürültülü**	ssoouk/ssıdschak karanlık/**k^{i}ü**tschük g^{i}ürültülü
Ich wollte ein Zimmer mit Bad.	**Banyolu bir oda istemiştim.**	**ban**jolu bir oda isstämischtim
Haben Sie etwas ...?	**... birşeyiniz var mı?**	...birschäjinis war mı
Besseres Billigeres Größeres Ruhigeres	**Daha iyi** **Daha ucuz** **Daha büyük** **Daha sakin**	**da**ha iji **da**ha udschus **da**ha büjük **da**ha ssak^{i}in
Haben Sie ein Zimmer mit besserer Aussicht?	**Daha iyi manzaralı bir odanız var mı?**	**da**ha iji mansaralı **bir** odanıs **war** mı

Anmeldung *Kayıt*

Bei der Ankunft in einem Hotel oder einer Pension wird man Sie bitten, ein Anmeldeformular *(formüler)* auszufüllen.

Soyadı/Adı	Name/Vorname
Mahalle/Sokak/Numara	Wohnort/Straße/Nummer
Tabiyet/Meslek	Nationalität/Beruf
Doğum tarihi/Doğum yeri	Geburtsdatum/-ort
Pasaport numarası	Paßnummer
Yer/Tarih	Ort/Datum
İmza	Unterschrift

Was bedeutet das?	**Bu ne demektir?**	bu **nä** dämäk**tir**

Pasaportunuzu görebilir miyim?	Kann ich Ihren Paß sehen?
Bu beyannameyi doldurur musunuz?	Würden Sie bitte den Anmeldeschein ausfüllen?
Lütfen burayı imzalayın.	Unterschreiben Sie hier, bitte.
Ne kadar zaman kalacaksınız?	Wie lange bleiben Sie?

Allgemeine Fragen *Genel sorular*

Welche Zimmernummer habe ich?	**Oda numaram ne?**	oda numaram **nä**
Würden Sie bitte unser Gepäck hinaufbringen lassen?	**Bagajımızı yukarı taşıtır mısınız, lütfen?**	bagaʒımisi jukarı taschı**tır mı**ssınıs **lüt**fän
Wo kann ich meinen Wagen parken?	**Arabamı nerede park edebilirim?**	arabamı **nä**rädä park ädäbili**rim**
Gibt es eine Hotelgarage?	**Otelin garajı var mı?**	otälin garaʒı **war** mı
Ich möchte dies in Ihrem Safe lassen.	**Bunu kasanıza bırakmak istiyorum.**	**bu**nu kassanısa bırakmak issti**jo**rum
Kann ich bitte den Schlüssel haben?	**Lütfen anahtarı alabilir miyim?**	**lüt**fän anahtarı alabi**lir** mijim
Zimmer 123.	**Oda 123.**	oda 123
Können Sie mich bitte um ... Uhr wecken?	**Lütfen beni saat ... de uyandırır mısınız?**	**lüt**fän bäni saat ... **dä** ujandı**rır mı**ssınıs
Wann wird das Frühstück serviert?	**Kahvaltı ne zaman?**	kahwaltı **nä** saman
Können wir in unserem Zimmer frühstücken?	**Kahvaltıyı odamızda yapabilir miyiz?**	kahwaltıjı odamısda japabi**lir** mijis
Gibt es ein Bad auf dieser Etage?	**Bu katta banyo var mı?**	**bu** katta **ban**jo **war** mı
Welche Stromspannung haben Sie hier?	**Burada voltaj nedir?**	**bu**rada woltaʒ **nä**dir
Wo ist die Steckdose für den Rasierapparat?	**Traş makinesının prizi nerededir?**	trasch mak^{i}inässının prisi **nä**rädädir

UHRZEIT, Seite 154 / FRÜHSTÜCK, Seite 38

Ich möchte ...	**... istiyorum.**	... isstijorum
Aschenbecher	**Bir küllük**	bir k'üllük
Badetuch	**Bir banyo havlusu**	bir banjo hawlussu
Briefpapier	**Mektup kâğıdı**	mäktup kaaıdı
Briefumschläge	**Birkaç mektup zarfı**	birkatsch mäktup sarfı
(extra) Decke	**Bir battaniye (daha)**	bir battanijä (daha)
Eiswürfel	**Buz**	bus
Handtuch	**Bir havlu**	bir hawlu
(extra) Kopfkissen	**Bir yastık (daha)**	bir jasstık (daha)
Leselampe	**Bir başucu lambası**	bir baschudschu lambassı
Nadel und Faden	**İğne ve iplik**	ienä wä iplik
Seife	**Sabun**	ssabun
Wärmflasche	**Termofor**	tärmofor
Wo ist ...?	**... neresidir?**	... närädädir
Badezimmer	**Banyo**	banjo
Fahrstuhl	**Asansör**	assanssör
Friseur	**Berber**	bärbär
Notausgang	**İmdat çıkışı**	imdat tschıkıschı
Speisesaal	**Yemek salonu**	jämäk ssalonu
Toilette	**Tuvalet**	tuwalät
Könnten Sie mir ... besorgen?	**Bana ... sağlayabilir misiniz?**	bana ... saalajabilir missinis
Babysitter	**bir çocuk bakıcısı**	bir tschodschuk bakıdschıssı
Schreibmaschine	**bir yazı makinesi**	bir jası mak'inässi

Hotelpersonal *Otel personeli*

Direktor	**müdür**	müdür
Empfangschef	**resepsiyon memuru**	rässäpssijon mämuru
Hoteldiener	**odacı**	odadschı
Kellner	**garson**	garsson
Kellnerin	**kadın garson**	kadın garsson
Portier	**kapıcı**	kapıdschı
Telefonist(in)	**telefoncu bay(an)**	täläfondschu baj(an)
Zimmermädchen	**oda temizlikçisi**	oda tämisliktschissi

In der Türkei redet man die Bedienung nicht mit »Ober« oder »Fräulein« an, sondern man sagt *»Lütfen bakar mısınız« (lütfän bakar mıssınıs)*, was soviel bedeutet wie »Würden Sie uns bitte bedienen?«

Telefon – Post *Telefon – Posta*

Können Sie mich mit Izmir 123456 verbinden?	**İzmir 123456'yı bağlar mısınız?**	**is**mir 123456 jı baalar **mıssı**nıs
Haben Sie Briefmarken?	**Posta pulu var mı?**	**poss**ta pulu **war** mı
Würden Sie das bitte für mich aufgeben?	**Lütfen bunu benim için postaya verir misiniz?**	**lüt**fän **bu**nu bänim itschin **poss**taja wä**rir** **mis**sinis
Ist Post für mich da?	**Benim için posta var mı?**	bänim itschin **poss**ta **war** mı
Hat jemand eine Nachricht für mich hinterlassen?	**Bana kimse haber bıraktı mı?**	bana k'imssä habär bırak**tı** mı
Wie hoch ist meine Telefonrechnung?	**Telefon hesabım ne kadar?**	täläfon hässabım **nä** kadar

Schwierigkeiten *Güçlükler*

... funktioniert nicht.	**... çalışmıyor.**	... tscha**lısch**mıjor
Dusche	**Duş**	dusch
Fernsehapparat	**Televizyon alıcısı**	täläwis**jon** alıdschıssı
Heizung	**Isıtma**	ıssıtma
Klimaanlage	**Soğuk hava tertıbatı**	ssoouk hawa tärtıbatı
Radio	**Radyo**	**rad**jo
Steckdose	**Priz**	pris
Das Licht geht nicht an.	**Elektrik kesik.**	äläk**trik** k'**äs**sik
Der Wasserhahn tropft.	**Musluk damlıyor.**	mussluk **dam**lıjor
Es kommt kein warmes Wasser.	**Sıcak su gelmiyor.**	ssıdschak ssu **g'äl**mijor
Das Waschbecken ist verstopft.	**Lavabo tıkalı.**	lawabo tı**ka**lı
Das Fenster/Die Tür klemmt.	**Pencere/Kapı sıkışmış.**	pändschärä/kapı ssıkıschmısch
Die Birne ist durchgebrannt.	**Ampul yanmış.**	ampul **jan**mısch

POST UND TELEFON, Seite 132

Mein Zimmer ist nicht gemacht.	**Odam yapılmamış.**	odam ja**pıl**mamısch
... ist kaputt.	**... bozuk.**	... bosuk
Fensterladen	**Panjur**	panʒur
Lampe	**Lamba**	lamba
Rolladen	**Kepenk**	k'äpänk
Schalter	**Elektrik düğmesi**	äläktrik düümässi
Stecker	**Fiş**	fisch
Der Vorhang ist zerrissen.	**Perde yırtık.**	pärdä **jır**tık
Können Sie es reparieren lassen?	**Tamir ettirebilir misiniz?**	tamir ättiräbi**lir** **mis**sinis

Wäscherei – Reinigung *Çamaşırhane – Kuru temizleme*

Ich möchte diese Kleider ... lassen.	**Bu elbiseleri ... istiyorum.**	bu älbissäläri ... issti**jo**rum
bügeln	**ütületmek**	ütülätmäk
reinigen	**temizletmek**	tämislätmäk
waschen	**yıkamak**	jıkamak
Wann sind sie fertig?	**Ne zaman hazır olur?**	**nä** saman hasır olur
Ich brauche sie ...	**... lâzım.**	... laasım
heute	**Bugün**	**bu**g'ün
heute abend	**Bu akşam**	**bu** akscham
morgen	**Yarın**	**ja**rın
vor Freitag	**Cumadan önce**	dschumadan **ön**dschä
so bald wie möglich	**Bir an önce**	bir an öndschä
Können Sie das flicken/nähen?	**Bunu yamayabilir/ dikebilir misiniz?**	**bu**nu jamajabi**lir**/ dik'äbi**lir** **mis**sinis
Können Sie diesen Knopf annähen?	**Bu düğmeyi dikebilir misiniz?**	**bu** düümäji dik'äbi**lir** **mis**sinis
Können Sie diesen Fleck entfernen?	**Bu lekeyi çıkarabilir misiniz?**	**bu** läk'äji tschıkarabi**lir** **mis**sinis
Ist meine Wäsche fertig?	**Çamaşırlarım hazır mı?**	tschamaschırlarım hasır mı
Das gehört nicht mir.	**Bu bana ait değil.**	**bu** bana ait deeil
Es fehlt etwas.	**Birşey eksik.**	birschäj **äk**ssik
Da ist ein Loch drin.	**Bunda bir delik var.**	**bun**da bir dälik **war**

WOCHENTAGE, Seite 152

Friseur – Kosmetiksalon *Berber – Güzellik salonu*

Gibt es im Hotel einen Friseur/ Schönheitssalon?	**Otelde berber/ güzellik salonu var mı?**	ot**äl**dä bärbär/ g^{i}üsällik ssalonu **war** mı
Kann ich mich für Donnerstag anmelden?	**Perşembe gününe bir randevu alabilir miyim?**	pärschämbä g^{i}ününä bir randäwu alabi**lir** mijim
Waschen und Legen, bitte.	**Lütfen yıkayın ve sarın.**	**lüt**fän jıkajın wä ssarın
Haare schneiden, bitte.	**Lütfen saç kesin.**	**lüt**fän ssatsch k^{i}ässin
Aufhellung	**renk açma**	ränk atschma
Brushing	**fırçalama**	fırtschalama
Dauerwelle	**perma**	pärma
Farbspülung	**şampuanla boyama**	schampuanla bojama
Färben	**boyama**	bojama
Fönen	**fönleme**	fönlämä
Gesichtsmaske	**yüz maskesi**	jüs massk^{i}ässi
Haargel	**saç jölesi**	ssatsch ʒölässi
Maniküre	**manikür**	manik^{i}ür
mit Ponyfransen	**kâhkül**	kaahk^{i}ül
Strähnen	**meç**	mätsch
Haben Sie eine Farbtabelle?	**Renk kataloğunuz var mı?**	ränk kataloounus **war** mı
Den Scheitel links/ rechts/ in der Mitte.	**Soldan/Sağdan/ Ortadan saç ayırma.**	ssoldan/saadan/ ortadan ssatsch ajırma
Ich möchte ein Haarwaschmittel für ... Haar.	**... saç için şampuan istiyorum.**	... ssatsch itschin schampuan issti**jo**rum
normales/trockenes/ fettiges	**Normal/Kuru/ Yağlı**	nor**mal**/**kuru**/**jaalı**
Nicht zu kurz, bitte.	**Lütfen, çok kısa değil.**	**lüt**fän **tschok** kıssa deeil
Ein bißchen kürzer ...	**Biraz daha kısatın ...**	bi**ras** **da**ha kıssatın
hinten	**arkadan**	arkadan
oben	**üstünden**	üsstündän
im Nacken	**enseden**	änssädän
an den Seiten	**kenarlardan**	k^{i}änarlardan
Kein Haarspray, bitte.	**Saç spreyi istemiyorum lütfen.**	ssatsch ssspräji iss**tä**mijorum **lüt**fän

WOCHENTAGE, Seite 152

Rasieren, bitte.	**Sakal traşı olmak istiyorum.**	ssakal traschı olmak isstı**jo**rum
Stutzen Sie mir bitte ...	**Lütfen ... kısaltın.**	**lüt**fän ... kıssaltın
den Bart	**sakalımı**	ssakalımı
die Koteletten	**favorilerimi**	faworilärimi
den Schnurrbart	**bıyığımı**	bıjıımı

Abreise *Hareket*

Kann ich bitte meine Rechnung haben?	**Hesap, lütfen.**	hässap **lüt**fän
Ich reise morgen früh ab.	**Yarın erken hareket ediyorum.**	**ja**rın ärk^{i}än haräk^{i}ät ädi**jo**rum
Machen Sie bitte meine Rechnung fertig.	**Lütfen hesabımı hazırlayın.**	**lüt**fän hässabımı hasırlajın
Wir reisen gegen Mittag ab.	**Öğleye doğru hareket ediyoruz.**	ööläjä **doo**ru haräk^{i}ät ädi**jo**rus
Ich muß sofort abreisen.	**Hemen hareket etmem gerekiyor.**	**hä**män haräk^{i}ät ätmäm g^{i}äräk^i**ijor**
Ist alles inbegriffen?	**Hepsi dahil mi?**	**häp**ssi dahil mi
Kann ich mit Kreditkarte bezahlen?	**Kredi kartı ile ödeyebilir miyim?**	krädi kartı ilä ödäjäbi**lir** mijim
Ich glaube, Sie haben sich verrechnet.	**Sanırım bu hesapta bir yanlış yaptınız.**	ssanırım bu hässapta bir **jan**lısch japtınız
Können Sie uns ein Taxi bestellen?	**Bize bir taksi çağırır mısınız?**	bisä bir **tak**ssi tschaaırır **mıs**sınıs
Könnten Sie unser Gepäck herunterbringen lassen?	**Bagajlarımızı aşağı taşıtır mısınız?**	bagaʒlarımısı aschaal taschı**tır** **mıs**sınıs
Hier ist meine Nachsendeadresse.	**İşte gideceğimiz yerin adresi.**	ischtä g^{i}idädscheeimis järin adrä**ssi**
Meine Heimatadresse haben Sie.	**Sizde ev adresim var.**	ssısdä äw adrässim **war**
Es war ein sehr angenehmer Aufenthalt.	**Burada çok hoş zaman geçirdik.**	**bu**rada **tschok** hosch saman g^{i}ätschirdik

TRINKGELD, 3. Umschlagseite

Camping *Kamp yapma*

Vom Ministerium für Kultur und Tourismus kontrollierte Campingplätze gibt es nur in begrenzter Anzahl; sie bieten meist Duschen, Toiletten, Koch- und Waschgelegenheiten, einen Laden und Stromanschluß. Die Plätze sind von April/Mai bis Oktober geöffnet.

Ist hier ein Campingplatz in der Nähe?	**Yakında kamp yeri var mı?**	jakında kamp järi **war** mı
Können wir hier zelten?	**Burada kamp yapabilir miyiz?**	**bu**rada kamp japabi**lir** mijis
Haben Sie Platz für ein Zelt/einen Wohnwagen?	**Çadır/Karavan için yeriniz var mı?**	tschadır/**ka**rawan itschin järinis **war** mı
Was kostet es ...?	**... kirası ne kadar?**	... k^{i}irassı **nä** kadar
pro Tag	**Bir günlük**	**bir** g^{i}ünlük
pro Person	**Bir kişi için**	**bir** k^{i}ischi itschin
für ein Auto	**Bir otomobil için**	bir **o**tomobil itschin
für ein Zelt	**Bir çadır için**	bir **tscha**dır itschin
für einen Wohnwagen	**Bir karavan için**	bir **ka**rawan itschin
Ist die Kurtaxe inbegriffen?	**Vergi dahil mi?**	wärg^{i}i dahil mi
Gibt es ...?	**... var mı?**	... **war** mı
Einkaufsmöglichkeiten	**Alışveriş imkânı**	alıschwärisch imkaanı
Restaurant	**Restoran**	**räss**toran
Schwimmbad	**Yüzme havuzu**	jüsmä hawusu
Spielplatz	**Oyun alanı**	ojun alanı
Stromanschluß	**Elektrik**	äläk**trik**
Trinkwasser	**İçme suyu**	itschmä ssuju
Wo sind die Duschen/Toiletten?	**Duş/Tuvalet nerede?**	dusch/**tu**walät **nä**rädä
Wo bekomme ich Butangas?	**Bütangaz nerede bulabilirim?**	bü**tan**gas **nä**rädä bulabili**rim**
Kann man Bungalows mieten?	**Bungalov kiralanır mı?**	**bun**galow k^{i}ira**lanır** mı

KAMP YAPMAK YASAKTIR	**KARAVAN GİREMEZ**
ZELTEN VERBOTEN	KEINE WOHNWAGEN

CAMPINGAUSRÜSTUNG, Seite 117

Gaststätten

In der Türkei gibt es eine große Auswahl an Gaststätten unterschiedlichster Art. Ob Sie einen beschwingten, romantischen oder eher eleganten Abend verbringen wollen – Sie finden sicherlich das Richtige. Dem äußeren Schein darf man allerdings nicht immer trauen, denn gerade hinter alten grauen Mauern ißt man oft ganz hervorragend.

Lokanta/Restoran (lo**kan**ta/**räss**toran)	In einer *lokanta* finden Sie türkische Gerichte, möglicherweise auch ein Tages- oder «Touristenmenü», das nichttürkische Speisen enthält.
Balık lokantası (balık lo**kan**tassı)	Fischrestaurants, die es entlang der Küste und in Hafenstädten gibt. Vorzügliche Auswahl an frischem Fisch und Meeresfrüchten sowie Appetithäppchen *(meze)*.
Kebapçı (k^{i}äbaptschı)	Das *kebapçı* ist auf gegrilltes Fleisch spezialisiert, besonders *kebap* (Lamm vom Spieß) mit *pide* (ungesäuertes Brot) und Reis; dazu alkoholfreie Getränke und *ayran* (Trinkjoghurt).
Köfteci (**k^{i}ö**ftädschi)	Ein leckeres, preisgünstiges Mittagessen für Eilige sind *köfte* (Hackfrikadellen vom Lamm), die oft mit einem Salat aus frischen Bohnen gereicht werden.
Hazır yemek (ha**sır** jämäk)	Eine Art Schnellgaststätte, wo eine bestimmte Anzahl von Speisen im voraus zubereitet und später aufgewärmt werden. Es gibt Suppen, Reis, Fleisch und Gemüsegerichte.
İşkembeci (ischk^{i}ämbädschi)	Spezialisiert auf *işkembe çorbası* – Hammelkaldaunensuppe. Oft bis zum frühen Morgen geöffnet.
Pideci (**pi**dädschi)	Eine türkische Version der Pizzeria: serviert heißes Fladenbrot *(pide)* mit Fleisch oder Käse, Tomaten und grünem Salat.
Tatlıcı/Pastane (tatlıdschı/passtanä)	Spezialisten für türkische Süßigkeiten und Gebäck.

Kuru yemiş (kuru jämisch) — Laden, in dem Trockenobst, Nüsse, Getreideflocken und Schokolade verkauft wird.

Büfe (büfä) — Im *büfe* bekommt man Sandwiches, Hamburger und gelegentlich auch *döner kebap,* Toasts, ausschließlich kalte Getränke und Trinkjoghurt.

Gazino (gasino) — Eine Familiengaststätte mit leichten Speisen oder auch reichhaltigen Gerichten. Oft gibt es ein Unterhaltungsprogramm mit Musik und Tanz.

Türkische Küche *Türk mutfağı*

Typisch für die türkische Küche sind Grillfleisch, gewürztes und gefülltes Gemüse sowie mit Sirup begossenes Gebäck als Nachspeise. Lamm vom Spieß *(şiş kebabı),* gefüllte Weinblätter und *baklava* (türkische Süßspeise) befinden sich unter den Gerichten, die in der ganzen Welt berühmt sind.

Obwohl Großstädte eine Auswahl an Restaurants für Ausländer besitzen, sollten Sie nicht die Gelegenheit verpassen, die einfachen, aber sehr geschmackvollen örtlichen Spezialitäten zu probieren. Die türkische Küche wird in der ganzen Mittelmeerregion sehr geschätzt. Wenn Sie in der Menüzusammenstellung unschlüssig sind (falls es ein Menü gibt), seien Sie nicht überrascht, wenn der Kellner Sie in die Küche führt. Dort können Sie aus Dutzenden von Kochtöpfen auswählen. Dies wird im ganzen Land, außer in den besten Restaurants, recht häufig praktiziert.

Moslems dürfen wegen ihrer Religion keinen Alkohol trinken. Sie können wahrscheinlich trotzdem Bier, Wein oder Raki (Anisbranntwein) zu Ihrem Essen bestellen. Moslems essen außerdem kein Schweinefleisch, doch man findet es auf der Speisekarte von Restaurants für Ausländer.

Essenszeiten *Yemek saatleri*

Das Mittagessen *(öğle yemeği)* wird im allgemeinen zwischen 12 und 14 Uhr serviert, das Abendessen *(akşam yemeği)* zwischen 19 und 22 Uhr.

Ne alırsınız?	Was nehmen Sie?
Bunu tavsiye ederim.	Ich empfehle Ihnen dies.
Ne içersiniz?	Was möchten Sie trinken?
. . . yok.	. . . haben wir nicht.
. . . ister misiniz?	Möchten Sie . . .?

Hungrig? *Aç mısınız?*

Ich habe Hunger/ Durst.	**Acıktım/Susadım.**	adschık**tım**/ssussa**dım**
Können Sie uns/mir ein gutes Restaurant empfehlen?	**İyi bir lokanta tavsiye edebilir misiniz?**	iji bir lo**kan**ta tawssijä ädäbi**lir** **mis**sinis
Gibt es in der Nähe preiswerte Restaurants?	**Yakında ucuz lokantalar var mı?**	jakında udschus lo**kan**talar **war** mı
Ich möchte türkische Speisen probieren.	**Türk yemeklerini tatmak istiyorum.**	**türk** jämäklärini tat**mak** issti**jo**rum
Wo kann ich einen Imbiß bekommen?	**Hafif bir yemek nerede bulabilirim?**	hafif bir jämäk **nä**rädä bulabili**rim**

Wenn Sie in einem bekannten Restaurant essen möchten, sollten Sie im voraus einen Tisch reservieren lassen.

Ich möchte einen Tisch für 4 Personen reservieren lassen.	**Dört kişi için bir masa ayırtmak istiyorum.**	**dört** k^{i}ischi itschin bir massa ajırt**mak** issti**jo**rum
Ich möchte einen Tisch für . . . reservieren.	**. . . için bir masa ayırtmak istiyorum.**	. . . itschin bir massa ajırt**mak** issti**jo**rum
heute abend	**Bu akşam**	**bu** akscham
Mittagessen	**Öğle yemeği**	öölä jämeei
morgen	**Yarın**	**ja**rın
Wir kommen um 8 Uhr.	**Saat 8 de geliriz.**	saat 8 dä g^{i}äliris
Ich heiße . . .	**Adım . . .**	a**dım**

Können wir einen Tisch ... haben?	**... bir masa verir misiniz?**	... bir massa wärir missinis.
in der Ecke	**Köşede**	k^{i}öschädä
am Fenster	**Pencere kenarında**	pändschärä k^{i}änarında
im Freien	**Dışarıda**	dıscharıda
auf der Terrasse	**Terasta**	tärassta
in einer Nichtraucher-ecke	**Sigara içilmeyen köşede**	ssigara itschilmäjän k^{i}öschädä

Fragen und Bestellen *Sormak ve ısmarlamak*

Herr Ober/Fräulein!	**Lütfen bakar mısınız!**	lütfän bakar mıssınıs
Ich möchte gerne etwas essen/trinken.	**Yemek/İçmek için birşey istiyorum.**	jämäk/itschmäk itschin birschäj isstijorum
Kann ich bitte die Speisekarte haben?	**Menüyü verir misiniz, lütfen?**	mänüjü wärir missinis lütfän
Haben Sie lokale Spezialitäten?	**Bölgenin özel yemekleri var mı?**	bölg^{i}änin ösäl jämäkläri war mı
Was empfehlen Sie uns?	**Ne tavsiye eder-siniz?**	nä tawssijä ädärssinis
Kann ich einen Blick in die Küche werfen?	**Mutfağa bir bakabilir miyim?**	mutfaaa bir bakabilir mijim
Ich habe es eilig.	**Acelem var.**	adschäläm war
Können Sie mich sofort bedienen?	**Bana hemen servis yapabilir misiniz?**	bana hämän ssärwiss japabilir missinis
Ich möchte ...	**... istiyorum.**	... isstijorum
Können wir bitte ... haben?	**... verir misiniz?**	... wärir missinis
Aschenbecher	**Küllük**	k^{i}üllük
Gabel	**Çatal**	tschatal
Glas	**Bardak**	bardak
Löffel	**Kaşık**	kaschık
Messer	**Bıçak**	bıtschak
Serviette	**Peçete**	pätschätä
Tasse	**Fincan**	findschan
Teller	**Tabak**	tabak
Trinkhalm	**Kamış**	kamısch
Kann ich etwas ... haben?	**... verir misiniz?**	... wärir missinis
Brot	**Ekmek**	äkmäk
Butter	**Tereyağ**	täräjaa

Essig	**Sirke**	ssirk^{i}ä
Gewürze	**Baharat**	baharat
Öl	**Yağ**	jaa
Pfeffer	**Karabiber**	karabibär
Salz	**Tuz**	tus
Senf	**Hardal**	hardal
Zitrone	**Limon**	limon
Zucker	**Şeker**	schäk^{i}är
Kann ich noch ein bißchen ... haben?	**... biraz daha alabilir miyim, lütfen?**	... biras **da**ha alabi**lir** mijim **lüt**fän
Nur eine kleine Portion.	**Sadece küçük bir porsiyon.**	ssadätschä k^{i}ütschük bir porssijon
Nichts mehr, danke.	**Yeter, teşekkür ederim.**	jätär täschä**kk^{i}ür** ädärim
Wo sind die Toiletten?	**Tuvaletler nerededir?**	**tu**walätlär **nä**rädädir

Diät *Perhiz*

Ich muß Diät halten.	**Perhizdeyim.**	pärhisdäjim
Ich trinke keinen Alkohol.	**İçki içmiyorum.**	itschk^{i}i **itsch**mijorum
Ich darf nichts essen, was ... enthält.	**... hiç birşey yememeliyim.**	... hitsch birschäj jämämälijim
Fett/Mehl Salz/Zucker	**Yağlı/Unlu** **Tuzlu/Şekerli**	jaalı/unlu tuslu/schäk^{i}ärli
Haben Sie ... für Diabetiker?	**Şeker hastaları için ... var mı?**	schäk^{i}är hastaları itschin ... **war** mı
Fruchtsaft Kuchen Spezialmenü	**meyva suyunuz** **pastanız** **özel menünüz**	määwa ssujunus passtanıs ösäl mänünüs
Ich esse kein Fleisch/ keinen Fisch.	**Et/Balık yemem.**	ät/balık jämäm
Haben Sie vegetarische Gerichte?	**Etsiz yemeğiniz var mı?**	ätssis jämeeinis **war** mı
Könnte ich statt der Süßspeise ... haben?	**Tatlı yerine ... alabilir miyim?**	tatlı järinä ... alabi**lir** mijim
Kann ich bitte Süßstoff haben?	**Sakarin verir misiniz?**	ssakarin wä**rir** **mi**ssinis

Frühstück *Kahvaltı*

An vielen Orten ist ein westeuropäisches Frühstück mit Brötchen, Marmelade und Honig üblich. Bei einem echt türkischen Frühstück werden Ihnen vielleicht auch schwarze Oliven, Eier und Schafskäse serviert. Da Moslems aus religiösen Gründen kein Schweinefleisch essen dürfen, gibt es Schinken meist nur in Luxushotels.

Ich möchte gerne frühstücken.	**Kahvaltı istiyorum, lütfen.**	kahwaltı isstijorum lütfän
Ich habe ...	**... alırım.**	... alırım
Eier	**Yumurta**	jumurta
Rührei	**Çarpılmış yumurta**	tscharpılmısch jumurta
Spiegeleier	**Tavada yumurta**	tawada jumurta
Eier mit Speck	**Jambonlu yumurta**	ʒambonlu jumurta
Fruchtsaft	**Meyva suyu**	määwa ssuju
Pampelmuse	**Greypfurt**	grääpfurt
Orange	**Portakal**	portakal
gekochtes Ei	**Haşlanmış yumurta**	haschlanmısch jumurta
hart/weich	**katı/sulu**	katı/ssulu
Joghurt	**Yoğurt**	joourt
Marmelade	**Marmelat**	marmälat
Schinken	**Jambon**	ʒambon
Toast	**Kızarmış ekmek**	kısarmısch äkmäk
Kann ich (etwas) ... haben?	**... alabilir miyim?**	... alabilir mijim
Brot	**Ekmek**	äkmäk
Brötchen	**Küçük ekmek**	k^{i}ütschük äkmäk
Butter	**Tereyağ**	täräjaa
Honig	**Bal**	bal
Kaffee	**Kahve**	kahwä
mit Milch/schwarz	**Sütlü/Koyu**	ssütlü/koju
koffeinfrei	**Kafeinsiz**	kafäinssis
Käse	**Peynir**	päänir
Milch	**Süt**	ssüt
heiße/kalte	**Sıcak/Soğuk**	ssıdschak/ssoouk
(heiße) Schokolade	**(Sıcak) çikolata**	(ssıdschak) tschikolata
Oliven	**Zeytin**	säätin
Pfeffer/Salz	**Karabiber/Tuz**	karabibär/tus
Tee	**Çay**	tschaj
mit Milch/Zitrone	**Sütlü/Limonlu**	ssütlü/limonlu
heißes Wasser	**Sıcak su**	ssıdschak ssu
Zucker	**Şeker**	schäk^{i}är

Was steht auf der Speisekarte? *Menüde ne var?*

Große Restaurants und solche, in denen viele Touristen verkehren, hängen ihre Speisekarte draußen aus. In vielen Gaststätten gibt es keine Speisekarte; man geht einfach in die Küche, um festzustellen, was vorhanden ist.

Unsere Speisekarte ist nach verschiedenen Gängen geordnet. Unter jedem Titel finden Sie eine alphabetische Aufstellung der Gerichte auf türkisch mit der deutschen Übersetzung. Sie können aber auch, wenn Sie z.B. Fisch bestellen möchten, dem Kellner die entsprechende Liste vorlegen und ihn bitten, Ihnen zu zeigen, was erhältlich ist. Allgemeine Redewendungen finden Sie auf den Seiten 35 bis 37.

Die Speisekarte lesen *Menüyü okumak*

A la kart	A la carte
15 dakika bekleme süresi	15 Minuten Wartezeit
Fiks menü	Menü zum Festpreis
Mevsim boyunca	Während der Saison

Vorspeisen *Antreler*

Ersetzen Sie einmal ein Abendessen durch eine Auswahl von Vorspeisen, die *meze* genannt werden. Das ist wahrscheinlich der beste Weg, um die türkische Küche kennenzulernen. Vegetarier kommen auch auf ihre Kosten, da Gemüse und Hülsenfrüchte einen Hauptbestandteil der türkischen Küche bilden.

Ich möchte eine Vorspeise.	**Antre istiyorum.**	an**trä** isstijorum
Was empfehlen Sie?	**Ne tavsiye edersiniz?**	**nä taw**ssijä ädärssinis

ançuez	antschuäs	Anschovis, Sardellen
arnavut ciğeri	arna**wut** dschieäri	gewürzte Hammelleber
beyin tavası	bä**jin** tawassı	gebratenes Lammshirn
çiroz salatası	tschi**ros** ssalatassı	gepökelter Makrelensalat
deniz mahsulleri kokteyli	dä**nis** mahssulläri koktääli	Mischung aus Meeresfrüchten
dil	dil	Ochsenzunge
füme/söğüş	fümä/ssöö**üsch**	geräuchert/gekocht
enginar	äng[l]inar	marinierte Artischocke
havyar	hawjar	Kaviar
humus	humuss	Tunke aus Kichererbsen
istakoz (ızgara)	isstakos (ısgara)	(gegrillter) Hummer
istiridye	isstiridjä	Austern
karides (kokteyli)	karidäss (koktääli)	Garnelen (Cocktail)
kılıç balığı füme	kı**lıtsch** balıı fümä	geräucherter Schwertfisch
kuru fasulye piyaz	kuru fassuljä pijas	Butterbohnensalat
kuzu	kusu	Lamm
ciğeri	dschieäri	Leber
beyin salatası	bä**jin** ssalatassı	Lammshirnsalat

lâkerda	laak'ärda	gesalzener Thunfisch
mersin balığı füme	**mär**ssin balıı fümä	geräucherter Stör
midye	**mid**jä	Miesmuscheln
muska böreği	musska böreei	gefüllte Pastetchen
pavurya	pa**wur**ja	Krabben
sardalya	ssardalja	Sardinen
sigara böreği	ssigara böreei	gefüllte Pastetchen
tarama	tarama	Fischrogen mit Zitronensaft und Öl
turşu	turschu	gepökeltes Gemüse
zeytin	säätin	Oliven
siyah/yeşil	ssi**jah**/jä**schil**	schwarze/grüne

cacık (dschadschık)	gewürfelte Gurken in einer Salatsauce aus Joghurt, Olivenöl und Knoblauch
çerkez tavuğu (**tschärk**'äs tawuuu)	gekochtes Hühnchen gemischt mit gehackten Walnüssen, Chilipfeffer und Brot
çiğ köfte (tschie k'öftä)	pikante Hackfleischklößchen mit Weizenschrot
fava (fawa)	Saubohnenpüree mit Olivenöl, Zwiebeln und Dill
midye dolması (**mid**jä dolmassı)	zerkleinerte Miesmuscheln mit Reis und Zwiebeln in einer Muschelschale serviert
midye tavası (**mid**jä tawassı)	Miesmuscheln in Weißwein gekocht, anschließend in Rührteig gerollt und gut gebakken; mit einer Taratorsoße serviert
mercimekli köfte (märdschimäkli k'öftä)	Linsenbällchen mit Weizenschrot, Zwiebeln, Kräutern und Gewürzen
mücver (müdschwär)	Pfannkuchen mit gebackenen Zucchini
pastırma (passtırma)	pikantes, luftgetrocknetes Rindfleisch
patates köftesi (pa**ta**täss k'öftässi)	Kartoffelbrei mit Eiern und Muskatnuß, zu Klößchen geformt und gebacken
tarator (tarator)	Soße aus Brot, Walnüssen, Olivenöl und Essig
tavuk köftesi (tawuk k'öftässi)	gehacktes Hühnchen; Zwiebeln und Brot werden zu Klößchen geformt und gebacken
taze börülce salatası (tasä börüldschä salatassı)	grüne Bohnen in einer Soße aus Brot, Knoblauch, Pistazien und Zitronensaft

Salate *Salatalar*

Es gibt Salate sowohl aus gekochtem als auch aus rohem Gemüse. Sie werden ganz einfach mit einer Vinaigrette aus Zitronensaft und Olivenöl angemacht. Die Salatsoße ist oft schärfer als wir Mitteleuropäer es gewohnt sind und mit einer kräftigen Prise Knoblauch versehen.

Was für Salate haben Sie?	**Salata olarak neler var?**	ssalata olarak nälär war
çoban salatası	tschoban ssalatassı	Gurken- und Tomatensalat
domates salatası	domatäss ssalatassı	Tomatensalat
havuç salatası	hawutsch ssalatassı	Karottensalat
karışık salata	karıschık ssalata	gemischter Salat
karışık turşu	karıschık turschu	in Essig eingelegtes Gemüse
kereviz salatası	k'äräwis ssalatassı	Selleriesalat
kıvırcık salata	kıwırdschık salata	Kopfsalat
mevsim salatası	mäwssim ssalatassı	Salat der Saison
mercimek salatası	märdschimäk ssalatassı	Linsensalat
pancar salatası	pandschar ssalatassı	Rote-Bete-Salat
patlıcan salatası	patlıdschan ssalatassı	Auberginensalat
piyaz	pijas	Salat aus weißen Bohne
rus salatası	russ ssalatassı	russischer Salat
yeşil salata	jäschil ssalata	grüner Salat
yoğurtlu ıspanak salatası	joourtlu ısspanak ssalatassı	Spinatsalat mit Joghurt

Eiergerichte und Omeletts *Yumurtalı yemekler ve omlet*

Ich möchte ein Omelett.	**Bir omlet istiyorum.**	bir omlät isstijorum
çılbır	tschılbır	Eierspeise mit Joghurt und Knoblauch
haşlanmış yumurta	haschlanmısch jumurta	gekochte Eier
omlet	omlät	Omelett
mantarlı omlet	mantarlı omlät	Pilzomelett
maydanozlu omlet	majdanozlu omlät	Omelett mit Petersilie
peynirli omlet	päänirli omlät	Käseomelett
menemen	mänämän	Omelett mit grünen Paprikaschoten und Tomaten

Suppen *Çorbalar*

Ich möchte eine Suppe.	**Çorba istiyorum.**	tschorba isstijorum
Was empfehlen Sie mir?	**Ne tavsiye edersiniz?**	nä tawssijä ädärssinis
balık çorbası	balık tschorbassı	Fischsuppe
bezelye çorbası	bäsäljä tschorbassı	Erbsensuppe
borç	bortsch	Rote-Bete-Suppe
domates çorbası	domatäss tschorbassı	Tomatensuppe
domatesli pirinç çorbası	domatässli pirintsch tschorbassı	Tomatenreissuppe
ekmek çorbası	äkmäk tschorbassı	Brotsuppe
erişteli çorba	ärischtäli tschorba	Nudelsuppe
et suyu (konsome)	ät ssuju (konssomä)	Fleischbrühe
gratine soğan çorbası	gratinä ssooan tschorbassı	Französische Zwiebelsuppe
irmik çorbası	irmik tschorbassı	Grießsuppe
kırmızı mercimek çorbası	kırmısı märdschimäk tschorbassı	rote Linsensuppe
kremalı domates çorbası	krämalı domatäss tschorbassı	Tomatencreme-suppe
mercimek çorbası	märdschimäk tschorbassı	Linsensuppe
sebze çorbası	ssäbsä tschorbassı	Gemüsesuppe
soğuk et suyu	ssoouk ät ssuju	kalte Fleischbrühe
tavuk suyu	tawuk ssuju	Hühnerbrühe
taze mısır çorbası	tasä mıssır tschorbassı	Maiskornsuppe
un çorbası	un tschorbassı	Mehlsuppe
yayla çorbası	jajla tschorbassı	Hammelfleischsuppe mit Joghurt

işkembe çorbası (ischk'ämbä tschorbassı)	Suppe aus Hammelkutteln, Essig, Knoblauch, roten Paprikaschoten und gelegentlich Eiern; angeblich ein gutes Mittel gegen einen »Kater«
düğün çorbası (düüün tschorbassı)	»Hochzeitssuppe«; eine mit Zitrone abgeschmeckte Lammfleischbrühe
havuç çorbası (hawutsch tschorbassı)	Suppe aus pürierten Karotten; diese werden in Gemüsebrühe gekocht und mit Mehl, Milch und Eigelb verdickt
terbiyeli balık çorbası (tärbijäli balık tschorbassı)	Fischsuppe; mit Safran gefärbt und mit Essig, Zitrone, Minze und Zimt verfeinert, mit Eigelb verdickt
tarhana çorbası (tarhana tschorbassı)	eine mit Mehl, Tomaten und Gewürzen zubereitete Joghurtsuppe

Fisch und Meeresfrüchte *Balık ve deniz mahsulleri*

In der Türkei gibt es eine große Auswahl an frischem Fisch, der gewöhnlich auf einfachste Weise (mit Öl übergossen und gegrillt) zubereitet wird, um seinen natürlichen Geschmack zu erhalten. In Istanbul befinden sich die feinsten Fischlokale in Tarabya am Bosporus, aber auch in der Stadt selbst und an der Ägäischen Küste sind sie empfehlenswert. Fischgerichte schmecken köstlich, sind jedoch nicht billig.

Ich hätte gern Fisch.	**Balık istiyorum.**	balık isst**ijo**rum
Was für Meeresfrüchte haben Sie?	**Deniz mahsullerinden neler var?**	dänis mahssullärindän **nä**lär war

alabalık	alabalık	Forelle
barbunya	bar**bun**ja	Meerbarbe
çinakop	tschinakop	Blaufisch
çiroz	tschiros	Seebarschart
dil balığı	dil balııı	Scholle, Seezunge
gümüş	g^{i}ümüsch	kleiner Silberfisch
hamsi	**hamssi**	Sprotte
ıstakoz	ıss**ta**kos	Hummer
istavrit	isstawrit	Bastardmakrele
istiridye	isst**irid**jä	Austern
kalkan	kalkan	Steinbutt
karides	ka**ri**däss	Garnele
kefal	k^{i}äfal	Meeräsche
kılıç balığı	kılıtsch balııı	Schwertfisch
lâkerda	laak^{i}ärda	gesalzener Thunfisch
levrek	läwräk	Seebarsch
lüfer	lüfär	Blaubarsch
mercan	märdschan	Rotbrasse
mersin balığı	märssin balııı	Stör
midye	**mid**jä	Miesmuscheln
palamut	palamut	Thunfisch
pavurya	pawurja	Krabben
pisi	pissi	Flunder
sardalya	ssar**dal**ja	Sardine
sazan	ssasan	Karpfen
som balığı	ssom balııı	Lachs
tekir	täk^{i}ir	rote Meerbarbe
ton balığı	ton balııı	Thunfisch (Konserve)
torik	torik	Thunfisch
turna	**tur**na	Hecht
uskumru	usskumru	Makrele

Fischspießchen sind sehr beliebt; suchen Sie das Wort *şiş* mit dem jeweiligen Fischnamen auf der Speisekarte. Der meiste Fisch wird gegrillt, wie zum Beispiel in Weinblätter gewikkelte Sardinen.

çınarcık usulu balık (tschınardschık ussulu balık) — ein Gericht aus Schwertfisch, Seebarsch und Garnelen; gebraten, mit Pilzen garniert und mit Weinbrand übergossen

kılıç şiş (kılıtsch schisch) — Schwertfischteilchen am Spieß werden zusammen mit Lorbeerblättern, Tomaten und grünen Paprikaschoten über Holzkohle gegrillt

lüfer fırın (lüfär fırın) — mit Petersilie gebackener See- oder Blaubarsch; wird kalt mit Oliven, Zitronen, Gewürzgurken, Karotten und hartgekochten Eiern serviert

uskumru dolması (usskumru dolmassı) — mit Zwiebeln, Walnüssen, Haselnüssen und Rosinen, gemischten Kräutern und Gewürzen sowie Makrelenfleisch gefüllte Makrelenhaut. Das kleine Paket wird vernäht, in Eiern, Mehl und Brotkrumen gerollt und gebraten

uskumru plakisi (usskumru **plak**ⁱissi) — in Olivenöl gebratene Makrele mit Kartoffeln, Sellerie, Karotten und Knoblauch; wird kalt serviert

im Ofen gebacken	**fırında pişmiş**	fırında pischmisch
gebraten	**tavada kızarmış**	ta**wa**da kısarmısch
in schwimmendem Fett gebraten	**yağda kızarmış**	**jaa**da kısarmısch
gedämpft	**buğulama**	buuulama
gedünstet	**yahni**	jahni
gegrillt	**ızgara**	ısgara
gekocht	**haşlama**	haschlama
geräuchert	**füme**	fümä
geschwenkt	**sote edilmiş**	ssotä ädilmisch
mariniert	**salamura**	ssala**mu**ra
gefüllt	**dolma**	dolma
kalt	**soğuk**	soouk
mit Mayonnaise	**mayonezli**	**ma**jonäsli
roh	**çiğ**	tschie

Fleisch *Et*

Was für Fleisch ist das?	**Bu ne tür etdir?**	bu nä tür ätdir
Ich möchte ...	**... istiyorum.**	... isstijorum
Kalbfleisch	**Dana eti**	dana äti
Hammelfleisch	**Koyun eti**	kojun äti
Lammfleisch	**Kuzu eti**	kusu äti
Rindfleisch	**Sığır eti**	ssıır äti

antirikot	antirikot	Rippensteak (vom Rind)
beyin	bäjin	Hirn
biftek	bifták	Steak
bonfile	bonfilä	(Rinder-)Steak
ciğer	dschieär	Leber
dana budu rosto	dana budu rossto	Kalbskeule
dana fırında	dana fırında	gebratene Kalbskeule
dana rozbif	dana rosbif	Kalbsbraten
dil	dil	Zunge
düğün eti	düüün äti	Hammelragout
fileto	filäto	Filet
göğüs	gööüss	Brust
haşlama (yahni)	haschlama (jahni)	Ragout
içli köfte	itschli k'öftä	gefüllte Hammelfrikadellen
kıyma	kıma	Hackfleisch
köfte	k'öftä	Hamburger aus Kalb- und Hammelfleisch
kuru köfte	kuru k'öftä	gebratene Fleischbällche
koyun pirzolası	kojun pirsolassı	Lammkotelett
pirzola	pirsola	Kotelett
sığır kızartması	ssıır kısartmassı	Rinderbraten

gebacken	**fırında pişmiş**	fırında pischmisch
(im Ofen) gebraten	**rosto, kızarmış**	rossto, kısarmısch
gebraten	**tavada kızarmış**	tawada kısarmısch
gedünstet	**yahni**	jahni
gefüllt	**dolma**	dolma
gegrillt	**ızgara**	ısgara
gekocht	**haşlama**	haschlama
Spießbraten	**çevirme**	tschäwirmä
blutig	**az pişmiş (kanlı)**	as pischmisch (kanlı)
mittel	**orta pişmiş**	orta pischmisch
gut durchgebraten	**iyi pişmiş**	iji pischmisch

arnavut ciğeri (arnawut dschieäri)	nach albanischer Art gewürzte gebratene Leber mit Zwiebeln
çiğ köfte (tschie k^{i}öftä)	rohe Fleischbällchen; eine Mischung aus Hackfleisch, zermahlenem Getreide und Chilipfeffer
döner kebap (dönär k^{i}äbap)	an einem senkrechten Spieß geröstete Lammkeule, von der dünne Scheiben abgeschnitten und auf Reis serviert werden
etli yaprak dolması (ätli japrak dolmassı)	mit Reis und einer Fleischmischung gefüllte Weinblätter
fasulyeli paça (fassuljäli patscha)	Ausgebeinte Kalbsfüße in einer Kasserole mit weißen Bohnen serviert
hünkâr beğendi (hünkaar beeändi)	gehacktes Lammfleisch auf Auberginenpüree; wörtlich übersetzt man dieses Gericht mit »Seine Majestät genießt es«
kadın budu köfte (kadın budu k^{i}öftä)	»Damenschenkel« nennt man diese länglichen Frikadellen aus Lammfleisch und Reis. Beliebte Beilage sind Pommes frites
kuzu dolması (kusu dolmassı)	mit pikantem Reis, Leber und Pinienkernen gefülltes Lamm
kuzu güveç (kusu g^{i}üwätsch)	Lammragout mit Zwiebeln, Knoblauch, Kartoffeln, Tomaten, Lorbeerblättern und Dill; wird langsam in einem Tonofen gekocht
kuzu kapama (kusu kapama)	mit Zwiebeln und Kräutern gekochte Lammkeule
şiş kebabı (schisch k^{i}äbabı)	Lamm vom Spieß; marinierte Fleischstückchen mit geviertelten Tomaten, Zwiebeln und Paprika auf Bratspießchen über einem Holzfeuer gegrillt
şiş köfte (schisch k^{i}öftä)	Lammfleischfrikadellen auf Bratspießchen über einem Holzfeuer gegrillt
terbiyeli köfte (tärbijäli k^{i}öftä)	Fleischbällchen werden in Salzwasser pochiert bis sie gar sind; anschließend in eine leichte Eier- und Zitronensoße getaucht und mit Reis serviert
yoğurtlu kebap (joourtlu k^{i}äbap)	gegrillte Lammfleischwürfel auf getoastetem Brot, Tomatenpüree und gewürztem Joghurt
yoğurtlu paça (joourtlu patscha)	in Scheiben geschnittene Hammelfüße auf einer gerösteten Brotschicht; garniert mit gewürztem Joghurt und Paprikabutter

Wild und Geflügel *Av ve kümes hayvanları*

Ich möchte Wild.	**Av eti istiyorum.**	aw äti issti**jo**rum
bıldırcın	bıldırdschın	Wachtel
çil	tschil	Rebhuhn
hindi	**hin**di	Truthahn
keklik	**k^{i}äk**lik	(rotes) Rebhuhn
piliç, tavuk	**pi**litsch, ta**wuk**	Huhn
sülün	ssülün	Fasan
tavşan	**taw**schan	Hase
yaban domuzu	ja**ban** domusu	Wildschwein
yabani kaz	jabani kas	Wildgans
yabani ördek	jabani ördäk	Wildente

çerkez tavuğu (**tschärk**^{i}äs tawuuu)	gekochtes Huhn auf einer Schicht Reis mit einer Nußsoße serviert und warm oder kalt gegessen
hindi dolması iç pilâvı (**hin**di dolmassı itsch pilaawı)	gefüllter Truthahn mit gewürztem Reis
kâğıtta piliç (kaa**ıtta** pilitsch)	in Pergamentpapier gebackenes Huhn
kaz kızartması (**kas** kısartmassı)	gebratene Gans
sebzeli piliç güveci (ssäbs**äli** pilitsch g^{i}üwädschi)	Huhn-Gemüse-Eintopf
tavuk jölesi (ta**wuk** ʒölässi)	gekochte Hühnchenstücke ohne Knochen in Hühnergelee, garniert mit Petersilie und Mandeln
çulluk kızartması tencerede (**tschul**luk kısartmassı tändschärädä)	gekochte Waldschnepfe in Weinsoße mit Tomaten und Zwiebeln
bıldırcın şişte (bıldırdschın schischtä)	in Olivenöl eingelegte Wachtelhälften, die anschließend über einem Holzkohlenfeuer gekocht werden
piliç haşlama (pilitsch haschlama)	gebräuntes Huhn in Wein gesiedet bis es weich wird; Walnüsse werden kurz vor dem Servieren hinzugefügt
tavşan tencerede (tawschan tändschärädä)	Hasenragout; der Hase wird in Tomaten, Essig, Zwiebeln und Gewürzen gekocht bis die Flüssigkeit aufgesogen ist und nur ein wenig Öl übrigbleibt

Gemüse *Sebze*

acımarul	adschımarul	Chicorée
bakla	bakla	Saubohnen
bamya	**bam**ja	Okraschoten
bezelye	bä**säl**jä	Erbsen
biber	bibär	Paprikaschoten
Brüksel lâhanası	**brük**ssäl laahanassı	Rosenkohl
domates	do**ma**täss	Tomaten
enginar	äng^{i}inar	Artischocken
fasulye	fa**ssul**jä	Bohnen
havuç	hawutsch	Mohrrüben, Karotten
hindiba	hindiba	Endivie
hıyar	hıjar	Gurke
ıspanak	ısspanak	Spinat
kabak	kabak	Zucchini
karnıbahar	karnıbahar	Blumenkohl
kereviz	k^{i}äräwis	Sellerie
kırmız lahana	kırmıs lahana	Rotkohl
kuru fasulye	ku**ru** fassuljä	getrocknete Bohnen
kuşkonmaz	kuschkonmas	Spargel
lahana	**la**hana	Kohl
mantar	mantar	Pilze
marul	marul	Lattich
mercimek	märdschimäk	Linsen
mısır	mıssır	Mais
nohut	nohut	Kichererbsen
pancar	pandschar	rote Bete, Rübe
patates	pa**ta**täss	Kartoffeln
patlıcan	patlıdschan	Aubergine
pırasa	pırassa	Lauch
rezene	räsänä	Fenchel
roka	roka	Brunnenkresse
salatalık	ssalatalık	Salatgurke
şalgam	schalgam	Steckrübe
sakızkabağı	ssa**kıs**kabaaı	Kürbis
soğan	ssooan	Zwiebeln
tatlı biber	tatlı bibär	süße Paprikaschoten
taze soğan	tasä ssooan	Frühlingszwiebeln
turp	turp	Radieschen
turşu	turschu	in Essig eingelegtes Gemüse
yaz türlüsü	jas türlüssü	gedünstetes Sommergemüse
yeşil fasulye	jäschil fassuljä	grüne Bohnen
zeytin	säätin	Oliven
siyah/yeşil	ssijah/jäschil	schwarze/grüne

fasulye plakisi (fassuljä plak^{i}issi)	in Olivenöl gekochte Bohnen mit Sellerie, Kartoffeln, Knoblauch, Karotten und Frühlingszwiebeln; wird kalt gegessen
imam bayıldı (imam bajıldı)	türkische Spezialität, »der gefallene Priester« genannt. Mit Zwiebeln, Tomaten, Petersilie und Knoblauch gefüllte Auberginen in Olivenöl gekocht; wird kalt gegessen
kabak musakkası (kabak mussakkassı)	Mussaka, für deren Zubereitung Zucchini anstelle von Auberginen verwendet werden. Abwechselnde Schichten von gebratenen Zucchini und gewürztem Hackfleisch mit Tomaten; wird warm gegessen
patlıcan beğendi (patlıdschan beeändi)	gegrillte Auberginen, die mit Butter und Mehl vermischt werden. Kurz vor dem Servieren wird geraspelter Käse hinzugefügt und das Gericht mit Petersilie bestreut
türlü (türlü)	gemischtes Gemüse und Hülsenfrüchte in Wasser und Olivenöl gekocht, mit Salz und ein wenig Zucker gewürzt; wird warm gegessen
yoğurtlu bakla (joourtlu bakla)	Saubohnen in Olivenöl mit Zwiebeln, Dill und Minze; wird kalt mit Joghurt gegessen
zeytinyağlı kızartmalar (säätinjaalı kısartmalar)	gebratenes Gemüse mit Joghurt oder Tomatensoße

Die türkische Küche ist bekannt für ihre Vielfalt an Gemüse, das mit einer Mischung von Hackfleisch (meist Lamm oder Hammel), Reis, Zwiebeln und Kräutern gefüllt wird. *Dolma* mit dem vorausgehenden Wort *zeytinyağlı* bedeutet, daß die Füllung auch aus Rosinen und Pistazien bestehen kann. Diese *dolma* werden warm oder kalt gegessen und gewöhnlich mit Joghurt serviert.

biber dolması	bibär dolmassı	gefüllte Paprikaschoten
domates dolması	domatäss dolmassı	gefüllte Tomaten
kabak dolması	kabak dolmassı	gefüllte Zucchini
lâhana dolması	laahana dolmassı	gefüllte Kohlblätter
patlıcan dolması	patlıdschan dolmassı	gefüllte Auberginen
yaprak dolması	japrak dolmassı	gefüllte Weinblätter

Gemüse kann serviert werden:

gebacken	**fırında pişmiş**	fırında pischmisch
gebraten	**tavada kızarmış**	tawada kısarmısch
gefüllt	**dolma**	dolma
gegrillt	**ızgara**	ısgara
gekocht	**haşlama**	haschlama
geröstet	**kızarmış**	kısarmısch
gewürfelt	**doğranmış**	dooranmısch
püriert	**püre yapılmış**	pürä japılmısch
überbacken	**fırınlanmış**	fırınlanmısch

Reis, Kartoffeln und Teigwaren *Pilav, patates ve hamur işleri*

Kartoffeln werden in der traditionellen türkischen Küche nicht häufig verwendet, obwohl Pommes frites auf der Speisekarte stehen. Ebenso ißt man Kartoffeln mit Fleisch oder Gemüse vermischt als Frikadellen. Teigwaren und Reis bilden andererseits einen Hauptbestandteil in der türkischen Ernährung. Reis wird entweder natur oder mit anderen Beilagen in Form eines *pilav* gereicht, während Teigwaren meist wie in Italien serviert werden.

arpa şehriyesi fırında	arpa schährijässi fırında	gebackene Hafernudeln
bulgur pilavı	bulgur pilawı	Weizenpilaw
domatesli pilav	domatässli pilaw	Tomatenpilaw
erişte	ärischtä	Teigwaren
kıymalı makarna	kımalı makarna	Makkaroni mit Hackfleisch
mantı	mantı	Ravioli
tavuklu pilav	tawuklu pilaw	Hühnerpilaw
tereyağlı pilav	täräjaalı pilaw	Butterpilaw
patates	patatäss	Kartoffeln
kızartması	kısartmassı	Pommes frites
köftesi	k'öftässi	Kroketten

iç pilav (itsch pilaw) — Pilaw aus gebratener Hühner- oder Gänseleber mit Piniennüssen, Rosinen und Tomaten

kuzu büryan (kusu bürjan) — Lammpilaw mit Zwiebeln, Piniennüssen und Rosinen, mit Zimt gewürzt

patlıcanlı pilav (patlıdschanlı pilaw) — Auberginen-Pilaw. Gebratene Auberginenwürfel in Reis werden mit Olivenöl übergossen

Käse *Peynir*

In der Türkei ist es weder besonders üblich Käse zu bestellen, noch spielt er eine wichtige Rolle in der türkischen Küche.

Neben Nachahmungen von berühmten europäischen sind hier einige türkische Käsesorten aufgeführt:

beyaz peynir (bäjas päänir)	weißer Käse, ähnlich dem griechischen *feta* Käse
çerkez peyniri (tschärk^{i}äs pääniri)	Mozzarella
dil peyniri (dil pääniri)	salzloser Weichkäse
kaşar peyniri (kaschar pääniri)	gelblicher Hartkäse, kann gegessen werden:
eski (ässk^{i}i)	reif
taze (tasä)	frisch
tulum peyniri (tulum pääniri)	gesalzener trockener Ziegenkäse

Gewürze und Kräuter *Baharatlar ve ot*

çam fıstığı	tscham fısstıı	Pinienkerne
ceviz	dschäwis	Walnüsse
çöreotu	tschöräotu	schwarzer Kümmel
dereotu	däräotu	Dill
fındık	fındık	Haselnüsse
fıstık	fısstık	Pistazien
hardal	hardal	Senf
karabiber	karabibär	schwarzer Pfeffer
karışık baharatlar	karıschık baharatlar	Gewürzmischung
kekik	k^{i}äk^{i}ik	Thymian
kimyon	k^{i}imjon	Kümmel
kişniş	k^{i}ischnisch	Koriander
kırmızı biber	kırmısı bibär	Chilipfeffer
kuru üzüm	kuru üsüm	Rosinen
maydanoz	majdanos	Petersilie
nane	nanä	Minze
sarmısak	ssarmıssak	Knoblauch
susam	ssussam	Sesam
tarçın	tartschın	Zimt
tuz	tus	Salz
zeytinyağı	säätinjaaı	Olivenöl

Obst *Meyve*

Haben Sie frisches Obst?	**Taze meyve var mı?**	tasä määwä **war** mı
Ich möchte einen (frischen) Obstsalat.	**(Taze) Meyve salatası istiyorum.**	(tasä) määwä ssalatassı isstijorum

ahududu	ahududu	Himbeeren
amerikan fıstığı	amärikan fısstıı	Erdnüsse
ananas	ananass	Ananas
armut	armut	Birne
ayva	ajwa	Quitte
badem	badäm	Mandeln
bektaşi üzümü	bäktaschi üsümü	Stachelbeeren
böğürtlen	böööürtlän	Brombeeren
ceviz	dschäwis	Walnüsse
çilek	tschiläk	Erdbeeren
dut	dut	Maulbeeren
elma	älma	Apfel
erik	ärik	Pflaumen
fındık	fındık	Haselnüsse
frenk üzümü	fränk üsümü	Johannisbeeren
greypfurt	gräápfurt	Pampelmuse
hindistancevizi	hindisstandschäwisi	Kokosnuß
hurma	hurma	Datteln
incir	indschir	Feigen
karpuz	karpus	Wassermelone
kavun	kawun	Honigmelone
kayısı	kajıssı	Aprikose
kestane	k^{i}ässtanä	Kastanien
kiraz	k^{i}iras	Kirschen
kuru meyva	kuru määwa	getrocknetes Obst
kuru üzüm	kuru üsüm	Rosinen
limon	limon	Zitrone
mandalina	mandalina	Mandarine
mango	mango	Mango
meyve	määwä	Obst
muz	mus	Banane
portakal	portakal	Apfelsine, Orange
ravent	rawänt	Rhabarber
şeftali	schäftali	Pfirsich
siyah frenk üzümü	ssijah fränk üsümü	schwarze Johannisbeeren
üzüm	üsüm	Weintrauben
vişne	**wisch**nä	Sauerkirschen
yaban mersini	jaban märssini	Heidelbeeren

Nachtisch *Tatlılar*

Die Türken mögen's süß: Leckermäuler schwärmen von Milchpuddings und zartem Mandel- oder Walnußgebäck mit Zuckersirup. Das bekannteste Konfekt ist *lokum;* der Name *helva* steht für eine orientalische Süßigkeit, die es in vielen Variationen gibt, meistens mit gerösteten Sesamsamen und Honig oder Sirup. Köstlich schmecken auch die Eiscremes *(dondurma)* und das wunderbar frische Obst.

Ich möchte bitte einen Nachtisch.	**Bir tatlı istiyorum, lütfen.**	bir tatlı isst**ij**orum **lüt**fän
Etwas Leichtes, bitte.	**Hafif birşey, lütfen.**	hafif **bir**schäj **lüt**fän
Nur eine kleine Portion, bitte.	**Sadece küçük bir porsiyon, lütfen.**	ssadädschä k^{i}ütschük **bir** porssijon **lüt**fän

dondurma krem şantili	dondurma kräm schantili	Eiscreme mit Schlagsahne
frape	**fra**pä	Milchmixgetränk
güllaç tatlısı	g^{i}üllatsch tatlıssı	Pudding mit Rosengeschmack
irmik helvası	irmik hälwassı	Grießkonfekt
karışık dondurma	karıschık dondurma	Eiscremeauswahl
karışık hamur tatlıları	karıschık hamur tatlıları	Kuchenauswahl
kaymaklı ve sütlü dondurma	kajmaklı wä ssütlü dondurma	Eiscreme
kazan dibi	kasan dibi	Pudding mit karamelisiertem Grund
komposto	kom**poss**to	Kompott
krem karamel	**kräm** karamäl	Karamelcreme
krem şokola	**kräm** schokola	Schokoladencreme
krep süzet	**kräp** ssüsät	mit Marmelade gefüllter Pfannkuchen
meyveli dondurma	määvväli dondurma	Fruchteisgetränk
meyveli tartlet	määvväli tartlät	Obsttorte
meyveli turta	määvväli turta	Obstkuchen
meyve salatası (likörlü/kremalı)	määwä salatassı (lik^{i}örlü/krämalı)	Obstsalat (mit Likör/ Sahne)
peşmelba	**päsch**mälba	Pfirsich Melba
revâni	räwaani	Grießpudding
strudel	sstrudäl	Apfelstrudel
sufle	ssuflä	Soufflé
turtalar	**tur**talar	Törtchen

aşure (aschurä)	Trockenobst, Nüsse, Kichererbsen und Getreide zu einer dickflüssigen Masse verkocht; wird kalt gegessen
baba tatlısı (baba tatlıssı)	Savarin; ringförmiger Kuchen, dessen Mitte mit Creme oder Früchten gefüllt ist; darauf kommt ein Schuß Sirup
baklava (baklawa)	mit Mandeln und Pistazien gefüllte Blätterteigschichten mit einem Schuß Sirup begossen
börek (böräk)	schmale Teigstreifen, die in schwimmendem Fett gebacken und anschließend in Zucker gewälzt werden
bülbül yuvası (bülbül juwassı)	»Nachtigallennest«; mit Walnüssen gefülltes nestförmiges Gebäck mit dem ein Sorbett serviert wird
dilber dudağı (dilbär dudaaı)	»Lippen der Schönen«; mit Pistazien und anderen Nußsorten gefülltes Gebäck
dondurma kaymaklı (dondurma kajmaklı)	Milcheis mit einer cremigen und leicht dehnbaren Struktur
ekmek kadayıfı (äkmäk kadajıfı)	ein in Honigsirup, Rosenwasser, Zucker und Zitronensaft getauchtes goldbraunes Brot; mit einer dicken Cremeschicht bestrichen und mit Pistazien verziert
kabak tatlısı (kabak tatlıssı)	mit Nüssen und Zuckersirup servierter Kürbis
lokum (lokum)	türkisches Konfekt verschiedener Geschmacksrichtungen mit Pistazien, Mandeln und Kokosnuß
muhallebi (muhalläbi)	Puddingtörtchen aus Milch und Reismehl, mit Zimt bestreut; werden kalt serviert
şekerpare (schäk'ärparä)	mit heißem Zuckersirup übergossene Butterkekse
sütlaç (ssütlatsch)	mit Zimt bestreuter Milchreispudding; wird kalt gegessen
tavuk göğsü (tawuk g'öössü)	feingehackte Hühnerbrust in Milch pochiert, mit Zimt bestreut
tel kadayıfı (täl kadajıfı)	Rührteig durch einen Sieb auf einen heißen Teller gedrückt, um Kuchenstreifen zu formen, mit Butter überzogen und gebacken, dann mit Sirup übergossen

Wein *Şarap*

Es ist möglich, daß Sie in manchen Dörfern abseits der Touristenorte keinen Wein bekommen, da der Alkoholkonsum für Moslems eingeschränkt ist. Türkische Weine gehen trotz allem auf eine sehr alte Tradition zurück. Heutzutage wird nur ein kleiner Teil der Traubenernte zu Wein verarbeitet. Der beste – besonders der Weißwein – kommt aus der Gegend um Izmir. Andere Weinanbaugebiete befinden sich in Thrakien, um die Marmaraküste und in Anatolien.
Hier sind einige türkische Weine:

Adabağ	adabaa	Rotwein
Kalebağ	kaläbaa	Rotwein
Tekel Gaziantep	täk'äl gasiantäp	süßer Rotwein
Tekel Kalebağ Ankara	täk'äl kaläbaa ankara	süßer Rotwein
Tekel Misbağ İzmir	täk'äl missbaa ismir	trockener Wein

Und einige Tafelweine:

Çubuk	tschubuk	Rotwein, trockener Weißwein
Güzel Marmara	g'üsäl marmara	Rotwein, halbtrockener bis trockener Weißwein

Ich möchte eine Flasche Weißwein/ Rotwein.	**Bir şişe beyaz şarap/kırmızı şarap istiyorum.**	bir schischä bäjas scharap/kırmısı scharap isstijorum
halbe Flasche	**yarım şişe**	jarım schischä
Glas	**bardak**	bardak
Karaffe	**sürahi**	sürahi
halben Liter	**yarım litre**	jarım liträ

rot	**kırmızı**	kırmısı
weiß	**beyaz**	bäjas
schäumend	**köpüklü**	k'öpüklü
halbtrocken	**orta**	orta
leicht	**hafif**	hafif
süß	**tatlı**	tatlı
trocken	**sek**	ssäk
gekühlt	**soğutulmuş**	ssooutulmusch
Zimmertemperatur	**oda ısısında**	oda ıssıssında

Woher kommt dieser Wein?	**Bu şarap nereden geliyor?**	bu scharap **nä**rädän g^{i}älijor
Wie heißt dieser Wein?	**Bu şarabın adı nedir?**	bu scharabın adı **nä**dir
Ich möchte keinen zu süßen Wein.	**Çok tatlı bir şarap istemiyorum.**	tschok tatlı bir scharap iss**tä**mijorum
Bringen Sie mir bitte noch ...	**Bir ... daha getirin, lütfen.**	bir ... daha g^{i}ätirin **lüt**fän
Flasche/Glas/Karaffe	**şişe/bardak/sürahi**	schischä/bardak/ssürahi
Ich möchte gern Champagner, bitte.	**Şampanya istiyorum, lütfen.**	scham**pan**ja isst**ijo**rum **lüt**fän

Raki *Rakı*

Raki ist zweifellos das türkische Nationalgetränk. Es wird aus gebrannten Weintrauben mit Anis hergestellt und gewöhnlich während des Essens pur oder mit Wasser verdünnt getrunken, wobei es milchig-weiß schimmert. Abenteurer folgen dem Beispiel türkischer Soldaten, die Bier und *rakı* zu gleichen Teilen mischen.

Ich möchte bitte ein Glas Raki.	**Bir bardak rakı istiyorum, lütfen.**	**bir** bardak rakı isst**ijo**rum **lüt**fän

Bier *Bira*

Sie werden vielleicht überrascht feststellen, daß Bier das beliebteste Getränk im Land ist. Versuchen Sie einmal folgende Sorten:

Efes-Pilsen	äfäss-**pils**sän	helles Bier mit starkem Hopfengeschmack
Tuborg	tuborg	Tuborg
Tekel beyaz	täk^{i}äl bäjas	helles Bier
Tekel siyah	täk^{i}äl ssijah	dunkles Bier

Ich möchte ein Glas/eine Flasche Bier, bitte.	**Bir bardak/şişe bira istiyorum, lütfen.**	**bir** bardak/schischä **bi**ra isst**ijo**rum **lüt**fän
Ein kaltes Bier, bitte.	**Soğuk bir bira, lütfen.**	ssoouk bir **bi**ra **lüt**fän
Haben Sie ... Bier?	**... biranız var mı?**	... **bi**ranıs **war** mı
helles/dunkles	**Beyaz/Siyah**	bäjas/ssijah

Andere alkoholische Getränke *Başka alkollü içkiler*

Obwohl die Türkei ein moslemisches Land ist, existiert eine staatlich überwachte Gesellschaft, Tekel, die das Alkoholmonopol besitzt und privat produzierten Alkohol vertreibt oder importiert. Importierter Alkohol ist sehr teuer, so daß man vor dem Kauf besser nach dem Preis fragt. Aber Tekel stellt auch einige Spirituosen wie Gin *(cin)*, Wodka *(votka)*, Whisky *(viski)* und Weinbrand *(kanyak)* her. Außerdem gibt es eine Reihe von örtlich produzierten Obstbranntweinen und Likören.

Haben Sie irgendwelche lokale Spezialitäten?	**Özel bir içkiniz var mı?**	ösäl bir itschk^{i}inis **war** mı
Ich möchte bitte ein Glas ... probieren.	**Bir bardak ... istiyorum, lütfen.**	bir bardak ... isstij**o**rum **lüt**fän
Einen (doppelten) Whisky, bitte.	**Bir (duble) viski, lütfen.**	bir (**dub**lä) **wissk**^{i}i **lüt**fän

Glas	**bardak**	bardak
Flasche	**şişe**	schischä
einfach	**tek**	täk
doppelt	**duble**	**dub**lä

Branntwein	**içki**	itschk^{i}i
Gin-Tonic	**cin-tonik**	dschin-**to**nik
Likör	**likör**	**lik**^{i}**ör**
Sauerkirsch-	**vişne**	**wisch**nä
Portwein	**porto**	porto
Sherry	**şeri**	**schä**ri
Weinbrand	**konyak/kanyak**	**kon**jak/**kan**jak
Wermut	**vermut**	**wär**mut
Wodka	**votka**	**wot**ka
pur	**sek**	ssäk
mit Eiswürfel	**buzlu**	buslu
mit Wasser/Soda	**sulu/sodalı**	ssulu/ssodalı

ŞEREFE!

PROSIT!

Akoholfreie Getränke *Alkolsüz içkiler*

Alkoholfreie Erfrischungsgetränke gibt es in großer Auswahl. Sie reichen von kohlensäurehaltigen Getränken wie Coca-Cola und Pepsi bis hin zu Fruchtsäften und Mineralwasser. Das Leitungswasser ist trinkbar, doch stark gechlort – Mineralwasser bietet hier eine preiswerte Alternative.

Es existieren aber auch eine Reihe traditioneller Getränke wie *ayran,* ein mit Wasser verquirlter Joghurt, *şira,* ein leicht gegorener Traubensaft und *boza,* ein kalorienreiches säuerlich schmeckendes Getränk aus gegorener Hirse. In Puddingläden kommt es mit Zimt bestreut auf den Tisch.

Tee ist das allgemeine Frühstücksgetränk in der Türkei und das meist getrunkene tagsüber. Sie sollten ebenso einmal einige der zahlreichen Kräuterteesorten kosten, Pfefferminze ist besonders erfrischend.

Ich hätte gern ...	**... istiyorum.**	... isstijorum
Haben Sie ...?	**... var mı?**	... **war** mı
Fruchtsaft	**Meyva suyu**	mää**wa** ssuju
Ananas	**Ananas**	ananass
Apfel	**Elma**	älma
Orange	**Portakal**	portakal
Pampelmuse	**Greypfurt**	grääpfurt
Tomate	**Domates**	do**ma**täss
Zitrone	**Limon**	limon
Kaffee	**Kahve**	kahwä
Espresso	**Ekspresso**	**äkss**prässo
türkischer	**Türk**	**türk**
Limonade	**Limonata**	limo**nata**
Milch	**Süt**	ssüt
Milchmixgetränk	**Frape**	**fra**pä
Mineralwasser	**Maden suyu**	madän ssuju
kohlensäurehaltig	**Gazlı**	gaslı
ohne Kohlensäure	**Sade**	ssadä
Orangeade	**Portakallı gazoz**	portakallı gasos
Pfefferminztee	**Kaynamış nane**	kajnamısch nanä
(heiße) Schokolade	**(Sıcak) Çikolata**	(ssıdschak) tschikolata
Tee	**Çay**	tschaj
mit Milch/Zitrone	**Sütlü/Limonlu**	ssüt**lü**/limon**lu**
Eistee	**Buzlu çay**	bus**lu** tschaj
(Eis)Wasser	**(Buzlu) Su**	(bus**lu**) ssu

Kaffee *Kahve*

Türkischer Kaffee, ein herrlich starkes Gebräu, wird mitsamt Satz gekocht und in winzigen Täßchen ohne Milch oder Sahne serviert. Bevor man ihn trinkt, sollte man eine Minute oder zwei warten, damit der feine Kaffeesatz sich setzen kann. Sagen Sie dem Kellner vorher, wie süß Sie Ihren Kaffee haben möchten, da der Zucker mit in den Kaffee gegeben wird.

Kaffee ohne Zucker	**sade kahve**	**ssadä** kahwä
leicht gesüßt	**az şekerli kahve**	**as** schäkiärli kahwä
süß	**orta şekerli kahve**	orta schäkiärli kahwä
sehr süß	**çok şekerli kahve**	**tschok** schäkiärli kahwä

Kaffeehaus *Kahvehane*

Das Kaffeehaus ist eine feste Einrichtung in der Türkei. Da es sich meist um sehr bescheidene Häuser handelt, findet man sie überall in den Städten, im kleinsten Dorf gibt es zumindest eines. Normalerweise sind Frauen von diesem männlichen Versammlungsort ausgeschlossen.

Männer diskutieren dort über Politik, das Wetter, Fußball oder ganz einfach über Allerweltsprobleme bei einer Tasse heißen Tees oder Kaffees. Andere Kunden widmen sich dem Tricktrack- *(tavla)* oder Kartenspiel. Wahrscheinlich wird man Sie von allen Seiten vor Neugierde anstarren, und einige Türken wollen vielleicht ein Gespräch mit Ihnen beginnen.

Gewöhnlich werden in einem Kaffeehaus keine Mahlzeiten zubereitet. Manchmal kommt ein Straßenverkäufer mit Sesambrötchen oder Gebäck vorbei. An manchen Orten können Sie um Zubereitung einer Wasserpfeife *(nargile)* bitten. Diese wird sehr langsam wie eine indianische Friedenspfeife geraucht und kann selbst bei starken Rauchern ein Gefühl des Wohlbefindens hinterlassen.

Können Sie mir bitte eine Wasserpfeife vorbereiten?	**Bana bir nargile hazırlar mısınız, lütfen?**	bana bir nargilä hasır**lar mıssınıs** **lüt**fän

Reklamationen *Şikâyetler*

Es fehlt ein Glas/ Teller.	**Bir bardak/tabak eksik.**	**bir** bardak/tabak äkssik
Ich habe kein Messer/keine Gabel/ keinen Löffel.	**Bıçağım/Çatalım/ Kaşığım yok.**	bıtschaaım/tschatalım/ kaschııım jok
Das habe ich nicht bestellt.	**Bunu ısmarlamamıştım.**	bunu ıssmarlamamıschtım
Ich wollte ...	**... ısmarlamıştım.**	... ıssmarlamıschtım
Das muß ein Versehen sein.	**Bir hata olacak.**	bir hata oladschak
Können Sie mir dafür etwas anderes bringen?	**Bana bunun yerine başka birşey getirebilir misiniz?**	bana bunun järinä baschka birschäj g^{i}ätiräbi**lir missinis**
Ich wollte eine kleine Portion (für das Kind).	**(Çocuk için) Küçük porsiyon istemiştim.**	(tscho**dschuk** itschin) k^{i}ü**tschük** porssijon isstämischtım
Das Fleisch ist ...	**Et ...**	ät
zu stark gebraten nicht durchgebraten zu roh/zäh	**çok kızarmış** **iyi pişmemiş** **çiğ/çok sert**	**tschok** kısarmısch iji pischmämisch **tschie/tschok** ssärt
Dies ist zu ...	**Bu çok ...**	bu tschok
bitter/salzig/süß scharf/sauer	**acı/tuzlu/tatlı** **baharatlı/ekşi**	adschı/tuslu/tatlı baharatlı/äkschi
Das schmeckt mir nicht.	**Bunu beğenmedim.**	bunu beeänmädim
Das Essen ist kalt.	**Yemek soğuk.**	jämäk ssoouk
Das ist nicht frisch.	**Bu taze değil.**	bu tasä deeil
Haben Sie unsere Getränke vergessen?	**İçkilerimizi unuttunuz mu?**	itschk^{i}ilärimisi unuttunus mu
Weshalb dauert es so lange?	**Neden bu kadar uzun sürdü?**	**nädän bu** kadar usun ssürdü
Der Wein schmeckt nicht gut.	**Şarap iyi değil.**	scharap iji deeil
Das ist nicht sauber.	**Bu temiz değil.**	bu tämis deeil
Würden Sie bitte den Oberkellner rufen?	**Şef garsonu çağırır mısınız?**	schäf garssonu **tschaa**ırır **missınıs**

Die Rechnung *Hesap*

Die Bedienung ist normalerweise im Preis inbegriffen, jedoch ist ein zusätzliches Trinkgeld üblich. Kreditkarten werden überall dort als Zahlungsmittel angenommen, wo man an Touristen gewöhnt ist. Für das Gedeck wird nichts berechnet.

Die Rechnung, bitte.	**Hesap, lütfen.**	hä**ssap lüt**fän
Ich möchte zahlen.	**Ödemek istiyorum.**	ödämäk issti**jo**rum
Wir möchten getrennt bezahlen.	**Ayrı ödemek istiyoruz.**	aj**rı** ödämäk issti**jo**rus
Wofür steht dieser Betrag?	**Bu ne içindir?**	bu **nä** itschindir
Ich glaube, Sie haben sich verrechnet.	**Sanıyorum yanlış hesapladınız.**	ssanı**jo**rum janlısch hässapladınıs
Ist die Bedienung inbegriffen?	**Servis dahil mi?**	ssärwiss dahil mi
Ist alles inbegriffen?	**Herşey dahil mi?**	**här**schäj dahil mi
Nehmen Sie Reiseschecks/Eurocheques?	**Seyahat çeki/ Euroçek alıyor musunuz?**	ssäjahat tschäk^{i}i/ **äu**rotschäk alıjor **mu**ssunus
Kann ich mit dieser Kreditkarte bezahlen?	**Bu kredi kartı ile ödeyebilir miyim?**	bu **krä**di kartı ilä ödäjäbi**lir** mijim
Danke, das ist für Sie.	**Teşekkür ederim. Bu da sizin için.**	täschäkk^{i}ür ädärim bu da ssisin itschin
Behalten Sie das Kleingeld.	**Üstü kalsın.**	üsstü kalssın
Es war ein sehr gutes Essen.	**Nefis idi.**	**nä**fiss idi
Es hat uns ausgezeichnet geschmeckt, vielen Dank.	**Çok hoşumuza gitti, teşekkür ederiz.**	tschok hoschumusa g^{i}itti täschä**kk^{i}ür** ädäris

SERVİS DAHİL

BEDIENUNG INBEGRIFFEN

TRINKGELD, 3. Umschlagseite

Imbiß – Picknick *Çabuk yemek – Piknik*

An Imbissen herrscht in der Türkei kein Mangel. Diese kann man in kleinen Obstläden, an Straßenverkaufsständen, am Kai und selbst direkt vom Boot kaufen.

Wenn Sie Dörfer am Bosporus besuchen, dann haben Sie sicher die Gelegenheit, in den Hafen einfahrende Boote zu sehen, die ihre gefangenen Fische bereits ausgenommen und gegrillt haben, um sie bei Ankunft zu verkaufen. Vielleicht haben Sie auch das Glück und treffen auf Stände, die geröstete Muscheln anbieten.

In Dörfern und Städten sieht man sehr oft Leute mit Papierhörnchen durch die Straßen bummeln, die Obst und Nüsse enthalten. Man kann ebenso geröstete und gesalzene Pistazienkerne sowie geröstete Kichererbsen *(leblebi)* kaufen. In der Nähe von Bodrum erhalten Sie eisgekühlte Mandeln zur Erfrischung.

Sehr gesüßter Zitronensaft ist ein hervorragender Durstlöscher. Haben Sie Lust auf etwas Süßes, dann sollten Sie einmal *kaymak,* einer Vanilleeis ähnlichen Nachspeise kosten.

Wenn Sie auf der Suche nach etwas Deftigerem sind, dann wäre etwas Kaldaunensuppe, Maiskolben oder eine der mit Spinat, Käse oder Fleisch gefüllten Pasteten das Richtige.

Ideal zum Mitnehmen ist ein *döner kebap,* Hammelscheiben mit Zwiebeln und einem kleinen Salat.

işkembe çorbası	ischk'ämbä tschorbassı	Kaldaunensuppe
ıspanaklı kuru börek	ısspanaklı kuru böräk	Spinatpastete
karadeniz pidesi	karadänis pidässi	türkische Pizza
kıymalı börek	kımalı böräk	Hackfleischpastete
peynirli börek	päänirli böräk	Käsepastete
salatalık	ssalatalık	geschälte und gewürzte Gurke
simit	ssimit	Sesambrötchen
su böreği kıymalı	ssu böreei kımalı	Hackfleischpastete, gedämpft und gebacken
su böreği peynirli	ssu böreei päänirli	Käsepastete, gedämpft und gebacken

In der folgenden Liste finden Sie die wichtigsten Lebensmittel und Getränke für ein Picknick:

Ich hätte gern eins hiervon.	**Bunlardan bir tane istiyorum, lütfen.**	bunlardan bir tanä isstijorum lütfän
Ich möchte gern ...	**... istiyorum.**	... isstijorum
alkoholfreies Erfrischungsgetränk	**Alkolsüz serinletici içki**	alkolssüs ssärinlätidschi itschk'i
Apfelsinen	**Portakal**	portakal
Apfel	**Elma**	älma
Bananen	**Muz**	mus
Bier	**Bira**	bira
Brot	**Biraz ekmek**	biras äkmäk
Brötchen	**Birkaç küçük ekmek**	birkatsch k'ütschük äkmäk
Butter	**Tereyağı**	täräjaaı
Eier	**Yumurta**	jumurta
Eiscreme	**Bir dondurma**	bir dondurma
Gebäck	**Pasta**	passta
Gewürzgurken	**Salatalık turşusu**	ssalatalık turschussu
Joghurt	**Yoğurt**	joourt
Kartoffelchips	**Cips**	dschipss
Käse	**Peynir**	päänir
Kekse	**Birkaç bisküvi**	birkatsch bissk'üwi
Kuchen	**Pasta**	passta
Milch	**Süt**	ssüt
Nüsse	**Fındık**	fındık
Oliven	**Zeytin**	säätin
Pastete	**Bir börek**	bir böräk
Pfeffer	**Karabiber**	karabibär
Salami	**Salam**	ssalam
Salz	**Tuz**	tus
Sandwich	**Bir sandviç**	bir ssandwitsch
Schinken	**Jambon**	ʒambon
Senf	**Hardal**	hardal
Tafel Schokolade	**Çikolata**	tschikolata
Tee	**Çay**	tschaj
Tomaten	**Domates**	domatäss
Trockenobst	**Meyve kurusu**	määwä kurussu
türkisches Konfekt	**Lokum**	lokum
Wassermelone	**Karpuz**	karpus
Weintrauben	**Üzüm**	üsüm
Würstchen	**Sosis**	ssossiss
Zitrone	**Limon**	limon
Zucker	**Şeker**	schäk'är

Reisen im Lande

Flugzeug *Uçak*

Ich möchte einen Flug nach Samsun buchen.	**Samsun'a bir bilet rezerve ettirmek istiyorum.**	**ssam**ssuna bir bilät räsärwä ättir**mäk** issti**jo**rum
Hinflug	**gidiş**	g^{i}idisch
Hin- und Rückflug	**gidiş-dönüş**	g^{i}**idisch**-dönüsch
1. Klasse	**birinci mevki**	birin**dschi** mäwk^{i}i
Touristenklasse	**turist mevki**	tu**risst** mäwk^{i}i
Gibt es Sondertarife?	**Özel tarife var mı?**	ösäl tarifä **war** mı
Fährt ein Bus zum Flughafen?	**Havaalanına giden bir otobüs var mı?**	hawaalanına g^{i}idän bir otobüss **war** mı
Gibt es einen Flug nach Antalya?	**Antalya'ya uçak var mı?**	an**tal**jaja utschak **war** mı
Ist es ein Direktflug?	**Bu bir direkt uçuş mudur?**	bu bir di**räkt** utschusch mudur
Habe ich Anschluß nach Adana?	**Adana'ya bağlantı var mı?**	**ad**anaja baalantı **war** mı
Um wieviel Uhr startet die Maschine?	**Uçak saat kaçta kalkar?**	utschak ssaat **katsch**ta kalkar
Wann muß ich einchecken?	**Bagajları ne zaman vermem gerekiyor?**	bagaʒları **nä** saman wärmäm g^{i}äräk^{i}ijor
Wie ist die Flugnummer?	**Uçuş numarası kaçtır?**	**utschusch** numarassı **katsch**tır
Um wieviel Uhr kommen wir an?	**Saat kaçta varırız?**	ssaat **katsch**ta warırıs
Ich möchte meinen Flug ...	**Uçuşumu ... istiyorum.**	utschuschumu ... issti**jo**rum
annullieren	**iptal etmek**	ip**tal** ätmäk
bestätigen	**konfirme etmek**	kon**fir**mä ätmäk
umbuchen	**değiştirmek**	dee**isch**tirmäk
Wie lange ist der Flugschein gültig?	**Uçak bileti ne süreyle geçerli?**	utschak biläti **nä** ssüräälä g^{i}ätschärli

VARIŞ
ANKUNFT

GIDIŞ
ABFLUG

Zur Busstation/Zum Bahnhof *Otogara/İstasyona*

Wo ist ...?	**... nerededir?**	... **nä**rädädir
Busstation Bahnhof	**Otogar** **İstasyon**	otogar **iss**tassjon
Kann ich zu Fuß hinkommen?	**Yürüyerek gidebilir miyim?**	jürüjäräk g[i]idäbi**lir** mijim
Taxi!	**Taksi!**	**tak**ssi
Fahren Sie mich bitte zur Busstation.	**Lütfen beni otogara götürün.**	**lüt**fän bäni otogara g[i]ötürün
Wieviel kostet es?	**Borcum ne kadar?**	bordschum **nä** kadar

Überlandbus *Şehirlerarası otobüs*

Die Türkei ist von einem ausgezeichneten Busnetz überzogen. Mit Bussen gelangen Sie billiger, sicherer, oft schneller und – wenn Sie ein modernes Modell mit Klimaanlage wählen – zudem auch bequemer ans Ziel als mit der Bahn. Fahrkarten sind in bestimmten Verkaufsstellen erhältlich; am preisgünstigsten sind sie jedoch direkt an der Bushaltestelle *(otogar)*.

Wann fährt der ... Bus nach Antalya?	**Antalya'ya ... otobüs ne zaman?**	an**tal**jaja ... otobüss **nä** saman
erste/letzte/nächste	**ilk/son/gelecek**	**ilk/sson**/g[i]ä**lädschäk**
Wieviel kostet es nach Izmir?	**İzmir için ücret nedir?**	**is**mir itschin üdschrät **nä**dir
Muß ich umsteigen?	**Aktarma yapmam lâzım mı?**	aktarma jap**mam** laasım mı
Um wieviel Uhr kommt der Bus in Troy an?	**Otobüs Truva'ya saat kaçta varıyor?**	otobüss truwaja ssaat **katsch**ta warı**jor**
Hat der Bus Klimaanlage?	**Otobüste soğuk hava tertibatı var mı?**	otobüsstä ssoo**uk** hawa tärtibatı **war** mı
Ich möchte einen Fahrplan.	**Bir otobüs tarifesi istiyorum.**	bir otobüss tarifässi isstij**o**rum
Wie lange dauert die Reise?	**Yolculuk ne kadar zaman sürer?**	joldschuluk **nä** kadar saman ssürär
Können Sie bitte anhalten?	**Lütfen durur musunuz?**	**lüt**fän du**rur** **mus**sunus

Eisenbahn *Demiryolu*

Die Staatlichen Türkischen Eisenbahnen (TCDD) besitzen schnelle, komfortable Züge, allerdings nur auf den Hauptstrecken. Unter den besten befinden sich der *Mavi Tren* (Blauer Zug), der täglich zwischen Istanbul und Ankara (7 Stunden) verkehrt und der *Boğaziçi Ekspresi,* der dieselbe Strecke in 9 Stunden bewältigt. In Istanbul gibt es 2 Bahnhöfe: Sirkeci Garı für Züge in westlicher und Haydarpaşa Garı für Züge in östlicher Richtung.

Die drei wichtigsten Zugtypen:

motortren (motorträn)	Lokalzug, der an den meisten Stationen hält
ekspres (äksspräss)	Schnellzug, der nur in größeren Orten hält
yolcu treni (joldschu träni)	Personenzug

Auskunft *Danışma*

Wo ist ...?	**... nerededir?**	... närädädir
Auskunft(büro)	**Danışma bürosu**	danıschma bürossu
Bahnsteig 3	**Peron 3**	päron 3
Fahrkartenschalter	**Bilet gişesi**	bilät g'ischässi
Fundbüro	**Kayıp eşya bürosu**	kajıp eschja bürossu
Gepäckausgabe	**Bagaj teslim gişesi**	bagaʒ tässlim g'ischässi
Platzreservierung	**Rezervasyon bürosu**	räsärwassjon bürossu
Restaurant	**Restoran**	rässtoran
Schnellimbiß	**Büfe**	büfä
Wartesaal	**Bekleme salonu**	bäklämä ssalonu
Zeitungsstand	**Gazete bayii**	gasätä bajii
Wo sind die Toiletten?	**Tuvaletler nerededir?**	tuwalätler närädädir

GİRİŞ	EINGANG
ÇIKIŞ	AUSGANG
PERONLARA GİDER	ZU DEN BAHNSTEIGEN

Wann fährt der ... Zug nach Eskişehir?	**Eskişehir'e ... tren ne zaman?**	äsk^{i}**schä**hirä ... trän **nä** saman
erste/letzte/nächste	**ilk/son/gelecek**	**ilk/sson**/g^{i}älä**dschäk**
Was kostet die Fahrt nach Erzurum?	**Erzurum'a yolculuk kaça?**	**är**suruma joldschuluk **ka**tscha
Ist es ein durchgehender Zug?	**Bu tren ekspres midir?**	**bu** trän äksspräss midir
Muß ich einen Zuschlag bezahlen?	**Fark ödemem gerekiyor mu?**	**fark** ödämäm g^{i}äräk^{i}**ijor** mu
Muß ich umsteigen?	**Aktarma yapmam gerekli mi?**	aktarma japmam g^{i}äräk**li** mi
Reicht die Zeit zum Umsteigen?	**Aktarma yapmak için zaman yeterli mi?**	aktarma japmak itschin saman jätär**li** mi
Fährt der Zug pünktlich ab?	**Tren zamanında kalkar mı?**	trän samanında kal**kar mı**
Wann kommt der Zug in Manisa an?	**Tren Manisa'ya ne zaman varıyor?**	trän **ma**nissaja **nä** saman warı**jor**
Hält der Zug in Yeşilyurt?	**Tren Yeşilyurt'da durur mu?**	trän jä**schil**jurtda du**rur** mu
Führt der Zug einen Speisewagen/ Schlafwagen?	**Trende restoran vagon/yataklı vagon var mı?**	trändä **räss**toran wagon/ja**tak**lı wagon **war** mı
Von welchem Bahnsteig fährt der Zug nach Aydin?	**Aydın treni hangi perondan kalkıyor?**	**aj**dın träni **hang**^{i}i pärondan kalkı**jor**
Auf welchem Gleis kommt der Zug aus Ankara an?	**Ankara treni hangi perona geliyor?**	**an**kara träni **hang**^{i}i pärona g^{i}älijor
Ich möchte einen Fahrplan.	**Bir tren tarifesi istiyorum.**	bir trän tarifässi issti**jo**rum

VARIŞ
ANKUNFT

KALKIŞ
ABFAHRT

Überall dort, wo kein Schild »Sigara içilmez« (Nichtraucher) hängt, dürfen Sie rauchen.

Bu tren ekspresdir.	Es ist ein durchgehender Zug.
... 'de aktarma yapmanız gerekir.	Sie müssen in ... umsteigen.
... 'de banliyö trenine aktarma yapın.	Steigen Sie in ... in einen Nahverkehrszug um.
Manisa'ya saat ... da bir tren var.	Es gibt um ... einen Zug nach Manisa.
Treniniz 6 numaralı perondan kalkacak.	Der Zug fährt auf Gleis 6 ab.
Trenin ... dakikalık bir gecikmesi var.	Der Zug hat ... Minuten Verspätung.
Birinci mevki, trenin ön tarafında/ortasında/ sonunda.	Erste Klasse an der Spitze/in der Mitte/am Ende des Zuges.

Fahrkarten *Biletler*

Eine Fahrkarte nach Bandırma, bitte.	**Bandırma'ya bir bilet, lütfen.**	ban**dır**maja bir bilät **lüt**fän
einfach	**gidiş**	g^{i}idisch
hin und zurück	**gidiş-dönüş**	g^{i}**idisch**-dönüsch
1. Klasse	**birinci mevki**	birin**dschi** mäwk^{i}i
2. Klasse	**ikinci mevki**	ik^{i}in**dschi** mäwk^{i}i
zum halben Tarif	**yarım tarife**	ja**rım** tarifä
mit Zuschlag	**farkla**	farkla

Reservierung *Rezervasyon*

Ich möchte ... reservieren lassen.	**... ayırtmak istiyorum.**	... ajırtmak isst**ij**orum
Fensterplatz	**Pencere kenarında yer**	**pän**dschärä k^{i}änarında jär
Platz im	**... yer**	... jär
Liegewagen	**Kuşetli vagonda**	kuschätli wagonda
oben	**Yukarıda**	jukarıda
in der Mitte	**Ortada**	ortada
unten	**Aşağıda**	aschaaıda
Schlafwagenplatz	**Yataklı vagonda yer**	jatak**lı** wagonda jär

ZAHLEN, Seite 148

Auf dem Bahnsteig *Peronda*

Ist das der richtige Bahnsteig für den Zug nach Ankara?	**Ankara treni için doğru peronda mıyız?**	**an**kara träni itschin **doo**ru päronda mıjıs
Ist das der Zug nach Mersin?	**Bu Mersin treni midir?**	**bu mär**ssin träni midir
Hat der Zug aus Istanbul Verspätung?	**İstanbul treninde gecikme var mı?**	iss**tan**bul tränindä g^{i}ädschikmä **war** mı

Im Zug *Trende*

Verzeihung. Kann ich vorbei?	**Affedersiniz. Geçebilir miyim?**	**äf**fädärssinis g^{i}ätschäbi**lir** mijim
Ist dieser Platz besetzt?	**Bu yerin sahibi var mı?**	**bu** järin ssahibi war mı
Ich glaube, das ist mein Platz.	**Sanırım burası benim yerim.**	ssanırım burassı bä**nim** järim
Kann ich das Fenster aufmachen/schließen?	**Pencereyi açabilir/kapatabilir miyim?**	**pän**dschäräji atschabi**lir**/ kapatabi**lir** mijim
Würden Sie mir bitte Bescheid sagen, wenn wir in Izmir ankommen?	**İzmir'e gelince bana haber verir misiniz?**	**is**mirä g^{i}älindschä bana habär wä**rir** **mis**sinis
Welche Station ist das?	**Bu hangi istasyon, acaba?**	bu **hang**^{i}i **iss**tassjon adschaba
Wie lange hält der Zug hier?	**Tren burada ne kadar durur?**	trän **burada nä** kadar durur
Wann kommen wir in Denizli an?	**Denizli'ye ne zaman geliyoruz?**	dä**nis**lijä **nä** saman g^{i}äli**jo**rus
Wo ist der Speisewagen?	**Restoran vagon nerededir?**	**räs**storan wagon **nä**rädädir

Irgendwann während der Fahrt kommt der Fahrkartenkontrolleur *(kondüktör)* vorbei: »*Biletler lütfen!*« (Fahrkarten, bitte!)

BİRİNCİ MEVKİ	İKİNCİ MEVKİ
ERSTER KLASSE	ZWEITER KLASSE

Schlafwagen *Yataklı vagon*

Sind im Schlafwagen noch Abteile frei?	**Yataklı vagonda boş kompartman var mı?**	jatak**lı** wagonda bosch kompartman **war** mı
Wo ist der Schlafwagen?	**Yataklı vagon nerededir?**	jatak**lı** wagon **nä**rädädir
Wo ist mein Schlafplatz?	**Yatağım hangisi acaba?**	jataaım **hang**'issi adschaba
Ich möchte unten schlafen.	**Aşağıda uyumak isterim.**	aschaaıda uju**mak** isstärim
Können Sie unsere Betten machen?	**Yataklarımızı yapar mısınız?**	jataklarımısı ja**par** mıssınıs
Könnten Sie mich um 7 Uhr wecken?	**Beni saat 7 de uyandırır mısınız?**	bäni ssaat 7 dä ujandı**rır mıs**sınıs

BAGAJ TESLİMİ
GEPÄCKAUFGABE

Gepäck – Gepäckträger *Bagaj – Hamal*

Wo sind die Schließfächer?	**Emanet kasaları nerededir?**	ämanät kassaları **nä**rädädir
Wo ist die Gepäckaufbewahrung?	**Bagaj deposu nerede?**	bagaʒ däpossu **nä**rädä
Ich möchte mein Gepäck einstellen.	**Bagajımı vermek istiyorum.**	bagaʒımı wär**mäk** issti**jo**rum
Ich möchte mein Gepäck aufgeben.	**Bagajımı teslim etmek istiyorum.**	bagaʒımı tässlim ät**mäk** issti**jo**rum
Gepäckträger!	**Hamal!***	**ha**mal
Können Sie mir mit meinem Gepäck helfen?	**Bagajımı taşımama yardım edebilir misiniz?**	bagaʒımı taschımama jardım ädäbi**lir mis**sinis
Wo sind die Gepäckhandwagen (Kofferkulis)?	**Bagaj arabaları nerededir?**	bagaʒ arabaları **nä**rädädir

* Türken rufen die Gepäckträger oft auch nur mit *»Lütfen!« (bitte)* herbei.

GEPÄCKTRÄGER, siehe auch Seite 18

Bus *Otobüs*

Busse sind billig, aber meist überfüllt. Für Stadtbusse kann man bei den größeren Haltestellen ein Mehrfahrtenheft kaufen; den Fahrschein wirft man beim Einsteigen in den Kasten neben dem Fahrer. Wenn Sie keinen Fahrschein haben, verkauft Ihnen wahrscheinlich ein anderer Fahrgast eine Karte.

Ich möchte ein Fahrscheinheft/eine Monatskarte.	**Bir bilet karnesi/ aylık kart istiyorum.**	bir bi**lät** karnässi/ aj**lık** kart issti**jo**rum
Welcher Bus fährt ins Stadtzentrum?	**Şehir merkezine hangi otobüs gider?**	schähir märk^{i}äsinä **hang**^{i}i otobüss g^{i}idär
Wo hält der Bus, der zum Bahnhof fährt?	**İstasyona giden otobüs nerede durur?**	isstassjona g^{i}idän otobüss **nä**rädä durur
Welchen Bus muß ich nach Taksim nehmen?	**Taksim'e gitmek için hangi otobüse binmeliyim?**	**tak**ssimä g^{i}itmäk itschin **hang**^{i}i otobüssä binmälijim
Mit welchem Bus komme ich zum Basar?	**Çarşıya hangi otobüsle gidebilirim?**	tscharschıja **hang**^{i}i otobüsslä g^{i}idäbilirim
Wo ist die Bus-/ Dolmuşhaltestelle?	**Otobüs/Dolmuş durağı nerededir?**	otobüss/dolmusch duraaı **nä**rädädir
Wann fährt der ... Bus nach Florya?	**Florya'ya ... otobüs ne zaman?**	**flor**jaja ... otobüss **nä** saman
erste/letzte/nächste	**ilk/son/gelecek**	**ilk**/**sson**/g^{i}älä**dschäk**
Was kostet es nach ...?	**... e/a ücret nedir?**	... ä/a üdschrät **nä**dir
Muß ich umsteigen?	**Aktarma yapmam gerekir mi?**	aktarma japmam g^{i}ärä**k^{i}ir** mi
Können Sie mir sagen, wann ich aussteigen muß?	**Ne zaman inmem gerektiğini söyleyebilir misiniz?**	**nä** saman inmäm g^{i}äräktieini ssöölajäbi**lir** **mi**ssinis
Ich möchte bei der Moschee aussteigen.	**Camide inmek istiyorum.**	dschamidä in**mäk** issti**jo**rum

OTOBÜS DURAĞI
BUSHALTESTELLE

Dolmuş *Dolmuş*

Dolmuş sind Sammeltaxis - ein Mittelding zwischen Taxi und Bus. Stellen Sie sich an eine der durch ein »D« gekennzeichneten Haltestellen oder warten Sie einfach, bis ein Auto, meist ein alter Amischlitten, seine Fahrt verlangsamt, fragen Sie *»Dolmuş?«* und nennen Sie Ihr Fahrtziel. Sie sitzen zwar recht beengt zwischen den anderen Mitfahrern, kommen aber billig und problemlos voran. Dolmuş fahren vorgeschriebene Strecken ab, auf denen Sie überall aussteigen können. Karten der Dolmuş-Routen und Fahrpläne existieren übrigens nicht. Das Fahrgeld wird unterwegs oder am Ende der Fahrt eingesammelt.

Fahren Sie nach ...?	**... e/a mı gidiyorsunuz?**	... ä/a mı g'idijorssunus
Wieviel kostet es?	**Ne kadar?**	nä kadar
Für zwei/drei.	**Buradan iki/üç tane alır mısınız.**	buradan ik'i/ütsch tanä alır mıssınıs
Liegt ... an dieser Dolmuşlinie?	**... bu dolmuş yolu üzerinde mi?**	... bu dolmusch jolu üsärindä mi

U-Bahn *Metro*

Die U-Bahn Istanbuls hat bisher nur 2 Stationen. Es bestehen jedoch Pläne für den Bau einer neuen Bahn, einer Mischung aus Straßenbahn und Metro.

Wo ist die U-Bahnstation?	**Metro istasyonu nerededir?**	mätro isstassjonu närädädir

Schiff *Gemi*

Die *Turkish Maritime Lines* führen einen regelmäßigen Schiffsverkehr zwischen Istanbul, den Bosporusorten, den Prinzeninseln und der Südküste des Marmarameers durch. Ebenfalls große Bedeutung besitzt der Fährverkehr über den Bosporus und zwischen den Ufern des Goldenen Horns.

Wann fährt ein Schiff/ eine Fähre nach Samsun?	**Samsun'a bir gemi/ araba vapuru ne zaman kalkıyor?**	ssamssuna bir g'ämi araba wapuru nä saman kalkıjor

Wo ist der Anlegeplatz?	**İskele nerededir?**	issk^{i}älä **närädädir**
Wie lange dauert die Überfahrt?	**Karşıya geçiş ne kadar sürer?**	karschıja g^{i}ätschisch **nä** kadar ssürär
Wann legen wir in Üsküdar an?	**Üsküdar'a ne zaman yanaşırız?**	üssk^{i}üdara nä saman janaschırıs
Ich möchte ... machen.	**... yapmak istiyorum.**	... jap**mak** issti**jo**rum
Hafenrundfahrt	**Bir liman turu**	bir li**man** turu
Kreuzfahrt	**Bir vapur gezisi**	bir wa**pur** g^{i}äsissi
Eine Schiffskarte nach ..., bitte.	**... e/a bir gemi bileti, lütfen.**	... ä/a bir g^{i}ä**mi** biläti **lüt**fän
Autofähre	**araba vapuru**	ara**ba** wapuru
Boot	**sandal**	ssandal
Dampfschiff	**vapur**	wapur
Deck	**güverte**	g^{i}üwärtä
Fähre	**araba vapuru**	ara**ba** wapuru
Hafen	**liman**	liman
Kabine	**kamara**	kamara
Einzelkabine	**bir kişilik kamara**	**bir** k^{i}ischilik kamara
Zweierkabine	**iki kişilik kamara**	**ik^{i}i** k^{i}ischilik kamara
Rettungsboot	**cankurtaran sandalı**	dschankurta**ran** ssandalı
Rettungsring	**cankurtaran simidi**	dschankurta**ran** ssimidi
Schiff	**gemi**	g^{i}ämi
Schwimmweste	**cankurtaran yeleği**	dschankurta**ran** jäleei
Tragflächenboot	**deniz otobüsü**	dä**nis** otobüssü

Fahrradverleih *Bisiklet kiralama*

Ich möchte ein Fahrrad mieten.	**Bir bisiklet kiralamak istiyorum.**	bir bissiklät k^{i}irala**mak** issti**jo**rum

Weitere Transportmittel *Başka nakil araçları*

Geländewagen	**arazi arabası**	ara**si** arabassı
Hubschrauber	**helikopter**	**hä**likoptär
Moped	**hafif motosiklet**	hafif **mo**tossiklät
Motorrad	**motosiklet**	**mo**tossiklät
Motorroller	**küçük motosiklet**	k^{i}ütschük **mo**tossiklät
Seilbahn	**teleferik**	täläfärik

Oder vielleicht wollen Sie lieber:

trampen	**otostop yapmak**	oto**sstop** jap**mak**
wandern	**yürümek**	jürü**mäk**

SPORT, Seite 89

Autó *Otomobil/Araba*

In der Türkei herrscht Rechtsverkehr und Gurtenpflicht. Die Einhaltung der Null-Promille-Grenze wird von der Polizei streng kontrolliert. Fast alle Autobahnen sind gebührenfrei. Die meisten Landesteile verbinden gut instandgehaltene asphaltierte Fernstraßen; Landstraßen sind hingegen etwas abenteuerlicher. In geschlossenen Ortschaften sind 50 km/h, auf Landstraßen 90 km/h zugelassen. Fahren Sie vorsichtig, da die Türken es mit dem Einhalten der vorgeschriebenen Höchstgeschwindigkeit oft nicht so genau nehmen.

Wo ist die nächste Tankstelle (mit Selbstbedienung)?	**En yakın benzin istasyonu nerededir (self servis)?**	än jakın bänsin isstassjonu **nä**rädädir (ssälf **ssär**wiss)
Volltanken, bitte, mit ...	**Lütfen, ... le doldurun.**	**lüt**fän ... lä doldurun
Super/Normal bleifrei/Diesel	**süper/normal** **kurşunsuz/motorin**	ssüpär/normal kurschunssus/motorin
Kontrollieren Sie bitte ...	**... kontrol edin lütfen.**	... kontrol ädin **lüt**fän
Batterie Bremsflüssigkeit Öl Wasser	**Aküyü** **Hidrolik yağını** **Yağı** **Suyu**	ak^i^üjü hidrolik jaaını jaaı ssuju
Können Sie bitte den Reifendruck prüfen?	**Lâstikleri kontrol edebilir misiniz?**	laasstikläri kontrol äd**ä**bilir **mis**sinis
Vorne 1,6.	**Önler 1,6.**	önlär bir altı
Hinten 1,8.	**Arkalar 1,8.**	arkalar bir ssäk^i^is
Bitte kontrollieren Sie auch den Ersatzreifen.	**Stepne lastiğini de kontrol edin, lütfen.**	**sstäp**nä lasstieini dä kontrol ä**din lüt**fän
Können Sie diesen Reifen flicken?	**Bu lastiği yamayabilir misiniz?**	**bu** lasstiei jamajabi**lir** **mis**sinis
Würden Sie bitte ... wechseln?	**Lütfen ... değiştirir misiniz?**	**lüt**fän ... deeischti**rir** **mis**sinis
Glühbirne Keilriemen	**ampulu** **vantilâtör-kayışını**	ampulu wantilaa**tör**-kajıschını

AUTOVERLEIH, Seite 20

Reifen	**lastiği**	lasstiei
Scheibenwischer	**cam sileceğini**	**dscham** ssilädscheeini
Zündkerzen	**bujileri**	buʒiläri
Würden Sie bitte die Windschutz-scheibe reinigen?	**Ön camı temizler misiniz?**	**ön** dschamı tämis**lär** **mis**sinis
Wo kann ich meinen Wagen waschen lassen?	**Arabamı nerede yıkatabilirim?**	arabamı **närädä** jıkatabil**irim**
Gibt es eine Wasch-anlage?	**Otomatik araba yıkama yeri var mı?**	otomatik araba jıkama järi **war** mı

Weg – Richtung *Yol – Yön*

Wie komme ich nach ...?	**... e/a nasıl gide-bilirim?**	... ä/a **nass**ıl g'idä-bili**rim**
Sind wir auf der richtigen Straße nach ...?	**... için doğru yolda mıyız?**	... itschin **doo**ru jolda mıjıs
Gibt es eine wenig befahrene Straße?	**Daha az işlek bir yol var mı?**	**da**ha as ischläk bir jol **war** mı
Wie weit ist es bis/nach ...?	**... e/a ne kadar var?**	... ä/a **nä** kadar **war**
Gibt es eine Auto-bahn?	**Bir otoyol var mı?**	bir otojol **war** mı
Wie lange braucht man mit dem Auto/zu Fuß?	**Otomobil ile/yürüye-rek ne kadar sürer?**	otomobil ilä/jürüjä-räk **nä** kadar ssürär
Kann ich bis ins Stadtzentrum fahren?	**Şehir merkezine kadar araba kullana-bilir miyim?**	schähir märk'äsinä kadar araba kullana-bi**lir** mijim
Können Sie mir sagen, wo ... ist?	**...in, nerede oldu-ğunu bana söyler misiniz?**	...in **närädä** olduuunu bana ssöö**lär** **mis**sinis
Wie komme ich zu diesem Ort/dieser Adresse?	**Bu yere/Bu adrese nasıl gidebilirim?**	**bu** järä/bu adrässä **nass**ıl g'idäbili**rim**
Wo ist/liegt das?	**Bu neredeedir?**	**bu** närädädir
Können Sie mir auf der Karte zeigen, wo ich bin?	**Nerede bulunduğumu haritada gösterir misiniz?**	**närädä** bulunduuumu haritada g'össtä**rir** **mis**sinis

Yanlış yoldasınız.	Sie sind auf der falschen Straße.
Doğru gidin.	Fahren Sie geradeaus.
Orada ... ileride.	Es ist dort vorne ...
solda/sağda. **... ın karşısında/... ın arkasında** **... ın yanında/... den/dan sonra**	links/rechts gegenüber/hinter ... neben/nach ...
kuzey/güney/doğu/batı	Nord/Süd/Ost/West
Birinci/İkinci kavşağa kadar gidin.	Fahren Sie bis zur ersten/ zweiten Kreuzung.
Trafik ışıklarında sola dönün.	Biegen Sie bei der Ampel links ab.
İlk köşede sağa dönün.	Biegen Sie bei der nächsten Ecke rechts ab.
İzmir'e giden yolu alın.	Nehmen Sie die Straße nach Izmir.
Tek yönlü yoldur.	Es ist eine Einbahnstraße.
Bursa'ya geri dönmelisiniz.	Sie müssen zurück nach Bursa.
»Ankara« levhasını takip edin.	Folgen Sie dem Schild »Ankara«.

Parken *Park etmek*

Wo kann ich parken?	**Nerede park edebilirim?**	närädä park ädäbili**rim**
Gibt es in der Nähe ein Parkhaus/ einen Parkplatz?	**Yakında kapalı bir park/park yeri var mı?**	jakında kapalı bir park/park järi **war** mı
Darf ich hier parken?	**Burada park edebilir miyim?**	**bu**rada park ädäbi**lir** mijim
Wie lange kann ich hier parken?	**Burada ne kadar zaman park edebilirim?**	burada **nä** kadar saman park ädäbili**rim**
Wieviel kostet es pro Stunde?	**Parkın saat ücreti ne kadar?**	parkın ssaat üdschräti **nä** kadar
Ist der Parkplatz bewacht?	**Park yerinde bekçi var mı?**	park järindä bäktschi **war** mı

Panne – Straßenhilfe *Arıza – Yol yardım*

Ich habe eine Autopanne.	**Otomobilim bozuldu.**	otomobilim bosuldu
Können Sie mir helfen?	**Bana yardım edebilir misiniz?**	bana jardım ädäbi**lir** **mis**sinis
Wo kann ich telefonieren?	**Nereden telefon edebilirim?**	**nä**rädän täläfon ädäbilirim
Würden Sie bitte ... schicken?	**Bir ... gönderir misiniz?**	bir ... g^{i}öndä**rir** **mis**sinis
Abschleppwagen	**kurtarma aracı**	kurt**arma** aradschı
Mechaniker	**otomobil tamircisi**	otomo**bil** tamirdschissi
Mein Auto springt nicht an.	**Otomobilim çalışmıyor.**	otomobilim tscha**lısch**mıjor
Die Batterie ist leer.	**Akü boş.**	ak^{i}ü **bosch**
Ich habe eine Benzinpanne.	**Benzinim bitti.**	bänsinim bit**ti**
Ich habe einen Plattfuß.	**İç lastiğin havası yok.**	itsch lasstiein hawassı jok
... ist/sind nicht in Ordnung.	**... bozuk.**	... bosuk
Auspuff	**Egzos**	ägsoss
Bremsen	**Frenler**	fränlär
Bremslichter	**Fren lâmbaları**	**frän** laambaları
elektrische Anlage	**Elektrik donanımı**	**äläk**trik donanımı
Gangschaltung	**Vites**	witäss
Kühler	**Radyatör**	**rad**jatör
Kupplung	**Debriyaj**	däbrijaʒ
Motor	**Motor**	**mo**tor
Rad	**Tekerlek**	täk^{i}ärläk
Scheinwerfer	**Far**	far
Steuerung	**Direksiyon**	diräkssijon
Vergaser	**Karbüratör**	**kar**büratör
Zündung	**Kontak**	kontak
Können Sie mir ... leihen?	**... ödünç verir misiniz?**	... ödüntsch wä**rir** **mis**sinis
Abschleppseil	**Çekme halatını**	tschäk**mä** halatını
Benzinkanister	**Benzin bidonunu**	bänsin bidonunu
Schraubenschlüssel	**İngiliz anahtarını**	**ing**^{i}iliz anachtarını
Wagenheber	**Krikoyu**	**kri**koju
Werkzeug	**Aleti**	aläti
Zange	**Kerpeteni**	k^{i}ärpätäni

Reparatur *Tamir*

Wo ist die nächste Reparaturwerkstatt?	**En yakın tamirhane neresidir?**	än jakın tamirhanä närädädir
Können Sie mein Auto reparieren?	**Otomobilimi tamir edebilir misiniz?**	otomobilimi tamir ädäbilir missinis
Wie lange wird es dauern?	**Ne kadar zaman sürer?**	nä kadar saman ssürär
Können Sie einen Kostenvoranschlag machen?	**Masraf konusunda bir tahmin yapabilir misiniz?**	massraf konussunda bir tahmin japabilir missinis

Unfall – Polizei *Kaza – Polis*

Rufen Sie bitte die Polizei.	**Lütfen polis çağırın.**	lütfän poliss tschaaırın
Es ist ein Unfall passiert, ungefähr 2 km von …	**… e/a yaklaşık 2 kilometre mesafede bir kaza oldu.**	… ä/a jaklaschık 2 kilomäträ mässafädä bir kasa oldu
Es gibt Verletzte.	**Yaralılar var.**	jaralılar war
Rufen Sie sofort einen Arzt/einen Krankenwagen.	**Hemen bir doktor/ bir ambülans çağırın.**	hämän bir doktor/ bir ambülanss tschaaırın
Wie ist Ihr Name und Ihre Anschrift?	**Soyadınız ve adresiniz nedir?**	ssojadınıs wä adrässinis nädir
Ihre Versicherungsgesellschaft, bitte?	**Sigorta şirketiniz, lütfen.**	ssigorta schirk'ätinis lütfän

Verkehrszeichen *Trafik işaretleri*

BAŞKA YOLA VERME	Umleitung
BOZUK YOL/SATIH	Schlechte Fahrbahn
DİKKAT	Vorsicht
DUR	Stop
DURMAK YASAKTIR	Halten verboten
GEÇMEK YASAK	Überholen verboten
İNŞAAT	Baustelle
KAYGAN YOL	Rollsplitt
OKUL	Schule
ÖNCELİK VERMEK	Vorfahrt gewähren
PARK YAPILMAZ	Parken verboten
TAMİRAT	Straßenarbeiten
TEHLİKE	Gefahr
TEHLİKELİ VİRAJ	Gefährliche Kurve
YAVAŞ	Langsam fahren
YAYA	Fußgänger

Besichtigungen

Wo ist das Fremdenverkehrsbüro?	**Turizm bürosu nerededir?**	**tu**rism bürossu **nä**rädädir
Was sind die Hauptsehenswürdigkeiten?	**Görülmeye değer şeyler nelerdir?**	g^{i}örülmäjä deeär schäälär **nä**lärdir
Wir sind ... hier.	**... buradayız.**	... **bu**radajıs
nur ein paar Stunden	**Sadece birkaç saatliğine**	ssadädschä **bir**katsch ssaatlieinä
einen Tag	**Bir günlüğüne**	**bir** g^{i}ünlüüünä
eine Woche	**Bir haftalığına**	**bir** haftalııına
Können Sie eine Stadtrundfahrt/einen Ausflug empfehlen?	**Bir şehir turu/ Bir gezinti tavsiye edebilir misiniz?**	**bir** schähir turu/ **bir** g^{i}äsinti tawssijä ädäbi**lir mis**sinis
Von wo fahren wir ab?	**Nereden hareket edeceğiz?**	**nä**rädän haräk^{i}ät ädädscheeis
Holt uns der Bus beim Hotel ab?	**Otobüs bizi otelden alacak mı?**	otobüss bisi otäldän ala**dschak** mı
Was kostet die Rundfahrt?	**Turun ücreti nedir?**	turun üdschräti **nä**dir
Wann beginnt sie?	**Tur saat kaçta başlar?**	tur ssaat **katsch**ta baschlar
Ist das Mittagessen im Preis inbegriffen?	**Öğle yemeği ücrete dahil mi?**	öölä jämeei üdschrätä **da**hil mi
Wann werden wir zurück sein?	**Ne zaman geri döneceğiz?**	**nä** saman g^{i}äri dönädscheeis
Haben wir in ... Zeit zu freier Verfügung?	**... de/da serbest zamanımız olacak mı?**	... dä/da ssärbässt samanımıs ola**dschak** mı
Gibt es einen deutschsprachigen Führer?	**Almanca bilen bir kılavuz var mı?**	al**man**dscha bilän bir kılawus **war** mı
Ich möchte einen Fremdenführer für ...	**... için bir turist kılavuzu istiyorum.**	... itschin bir **tu**risst kılawusu issti**jo**rum
einen halben Tag	**Yarım gün**	ja**rım** g^{i}ün
einen Tag	**Bir gün**	**bir** g^{i}ün

Wo ist/sind ...?	**... nerede/nerededir?**	... **nä**rädä/**nä**rädädir
Abtei	**Manastır**	manasstır
Altstadt	**Eski şehir**	äss**k^{i}i** schähir
Arena	**Arena**	aräna
Ausstellung	**Sergi**	ssärg^{i}i
Basar	**Kapalı çarşı**	kapalı tscharschı
Bibliothek	**Kütüphane**	k^{i}ütüphanä
Börse	**Borsa**	borssa
Botanischer Garten	**Botanik bahçesi**	bota**nik** bachtschässi
Brunnen	**Çeşme**	tschäschmä
Springbrunnen	**Fıskiye**	**fıssk**^{i}ijä
Burg	**Kale**	kalä
Denkmal	**Âbide**	aabidä
Einkaufsviertel	**Alış-veriş merkezi**	alısch-wärisch märk^{i}äsi
Fabrik	**Fabrika**	**fab**rika
Festung	**Kale**	kalä
Flohmarkt	**Bit pazarı**	**bit** pasarı
Friedhof	**Mezarlık**	mäzarlık
Gebäude	**Bina**	bina
Gerichtshof	**Mahkeme**	mahk^{i}ämä
Geschäftsviertel	**Ticaret merkezi**	tidscharät märk^{i}äsi
Grab	**Mezar**	mäsar
Grünanlagen	**Park**	park
Hafen	**Liman**	liman
Innenstadt	**Şehir merkezi**	schähir märk^{i}äsi
Kathedrale	**Katedral**	ka**tä**dral
Kirche	**Kilise**	k^{i}i**li**ssä
Kloster	**Manastır**	manasstır
Konzerthalle	**Konser salonu**	konssär ssalonu
Kunstgalerie	**Sanat galerisi**	ssanat galärissi
Markt	**Pazar**	pasar
Messe	**Fuar**	fuar
Moschee	**Cami**	dschami
Museum	**Müze**	**mü**sä
Opernhaus	**Opera binası**	opära binassı
Palast	**Saray**	ssaraj
Park	**Park**	park
Parlamentsgebäude	**Parlamento binası**	parlamänto binassı
Planetarium	**Rasathane**	rassathanä
Platz	**Meydan**	määdan
Präsidentenpalast	**Cumhurbaşkanlığı köşkü**	dschumhurbaschkanlııı k^{i}öschk^{i}ü
Rathaus	**Belediye binası**	bälädijä binassı
Ruinen	**Harabeler**	harabälär
Schloß	**Şato**	**scha**to
Stadion	**Stadyum**	**ssta**djum

Stadtmauern	**Surlar**	ssurlar
Stadtzentrum	**Şehir merkezi**	schähir märk^{i}äsi
Statue	**Heykel**	hääk^{i}äl
Tempel	**Tapınak**	tapınak
Theater	**Tiyatro**	tij**a**tro
Tor	**Büyük kapı**	büj**ük** kapı
Turm	**Kule**	kulä
Universität	**Üniversite**	üni**wär**ssitä
Zoo	**Hayvanat bahçesi**	hajwanat bachtschässi

Eintritt *Giriş*

Ist ... sonntags geöffnet?	**... pazar günleri açık mıdır?**	... pasar g^{i}ünläri **atschık** mıdır
Welches sind die Öffnungszeiten?	**Hangi saatlerde açıktır?**	**hang**^{i}i ssaatlärdä **atschık**tır
Wann schließt es?	**Ne zaman kapanır?**	**nä** saman kapanır
Was kostet der Eintritt?	**Giriş ücreti nedir?**	g^{i}**irisch** üdschräti **nä**dir
Gibt es Ermäßigung für ...?	**... için indirim var mı?**	... itschin indirim **war** mı
Behinderte	**Sakatlar**	ssakatlar
Gruppen	**Gruplar**	gruplar
Kinder	**Çocuklar**	tscho**dschuk**lar
Rentner	**Emekliler**	ämäklilär
Studenten	**Öğrenciler**	öörändschilär
Haben Sie einen Führer (in Deutsch)?	**(Almanca) kılavuzunuz var mı?**	(al**man**dscha) kılawusunus **war** mı
Gibt es eine Führung?	**Bir kılavuzlu gezi var mı?**	bir kılawuslu g^{i}**äsi** **war** mı
Kann ich einen Katalog kaufen?	**Bir katalog satın alabilir miyim?**	bir **ka**talog ssatın alabi**lir** mijim
Darf man fotografieren?	**Fotoğraf çekilebilir mi?**	fotoo**raf** tschäk^{i}iläbi**lir** mi

GİRİŞ SERBEST	EINTRITT FREI
FOTOĞRAF ÇEKMEK YASAKTIR	FOTOGRAFIEREN VERBOTEN

Wer – Was – Wann? *Kim – Ne – Ne zaman?*

Was für ein Gebäude ist das?	**Bu nasıl bir binadır?**	bu **na**ssıl bir binadır
Wer war der ...?	**Bunun ... kimdir?**	**bu**nun ... **k^{i}im**dir
Architekt	**mimarı**	mimarı
Bildhauer	**heykeltraşı**	hääk^{i}ältraschı
Künstler	**sanatçısı**	ssanattschıssı
Maler	**ressamı**	rässamı
Wer hat es gebaut?	**Kim inşa etti?**	**k^{i}im** inscha ätti
Wer hat dieses Bild/ dieses Fresko gemalt?	**Bu tabloyu/Bu freski kim yaptı?**	**bu** tabloju/**bu** frässk^{i}i **k^{i}im** japtı
Wann hat er gelebt?	**Ne zaman yaşadı?**	**nä** saman jaschadı
Wann wurde es gebaut?	**Ne zaman inşa edildi?**	**nä** saman inscha ädildi
Wo ist das Haus, in dem ... lebte?	**... 'n yaşadığı ev nerededir?**	... n jaschadıı äw **nä**rädädir
Wir interessieren uns für ...	**... ile ilgileniyoruz.**	... ilä ilg^{i}iläni**jo**rus
Antiquitäten	**Antika eşya**	an**ti**ka äschja
Archäologie	**Arkeoloji**	ark^{i}ä**o**loʒi
Architektur	**Mimari**	mimari
griechische	**Yunan mimarisi**	ju**nan** mimarissi
römische	**Roma mimarisi**	**ro**ma mimarissi
byzantinische	**Bizans mimarisi**	bi**sanss** mimarissi
islamische	**İslam mimarisi**	iss**lam** mimarissi
osmanische	**Osmanlı mimarisi**	oss**man**lı mimarissi
moderne	**Modern mimari**	**mo**därn mimari
Bildhauerei	**Heykeltraşlık**	hääk^{i}ältraschlık
Botanik	**Botanik**	botanik
Geologie	**Jeoloji**	ʒä**o**loʒi
Geschichte	**Tarih**	tarich
Keramik	**Seramik**	ssä**ra**mik
Kunst	**Sanat**	ssanat
Kunsthandwerk	**El sanatları**	**äl** ssanatları
Malerei	**Resim**	rässim
Medizin	**Tıp**	tıp
Möbel	**Mobilya**	mo**bil**ja
Mode	**Moda**	**mo**da
Münzenkunde	**Para ve madalya bilimi**	para wä ma**dal**ja bilimi
Musik	**Müzik**	müsik

Naturgeschichte	**Tabiat bilgisi**	tabiat bilg^{i}issi
Politik	**Politika**	**po**litika
Religion	**Din**	din
Töpferei	**Çömlekçilik**	tschömläktschilik
Vogelkunde	**Ornitoloji**	orni**to**loʒi
Völkerkunde	**Etnoloji**	ät**no**loʒi
Zoologie	**Zooloji**	so**o**loʒi

Es ist ...

eindrucksvoll	**Etkileyici.**	ätk^{i}iläjidschi
erstaunlich	**Şaşırtıcı.**	schaschırtıdschı
großartig	**Olağanüstü.**	ola**aan**üsstü
häßlich	**Çirkin.**	tschirk^{i}in
herrlich	**Nefis.**	**nä**fiss
hübsch	**Sevimli.**	ssäwim**li**
interessant	**İlginç.**	il**g^{i}intsch**
schön	**Güzel.**	g^{i}üsäl
schrecklich	**Korkunç.**	kor**kuntsch**
seltsam	**Tuhaf.**	tuhaf
toll	**Müthiş.**	müthisch

Gottesdienste *İbadet*

Gibt es hier eine ...?	**Burada bir ... var mıdır?**	**bu**rada bir ... **war** mıdır
katholische Kirche	**katolik kilisesi**	**ka**tolik k^{i}ilissässi
Moschee	**cami**	dschami
protestantische Kirche	**protestan kilisesi**	**pro**tesstan k^{i}ilissässi
Synagoge	**sinagog**	**ssi**nagog
Um wieviel Uhr beginnt ...?	**... saat kaçta başlıyor?**	... ssaat **katsch**ta baschlı**jor**
Gebet	**Namaz**	namas
Gottesdienst	**Ayin**	ajin
Messe	**Ayin**	ajin
Wo finde ich einen deutschsprechenden ...?	**Almanca konuşan bir ... nerede bulabilirim?**	al**man**dscha konuschan bir ... **närä**dä bulabili**rim**
Pfarrer/Priester (orthodox)/ Rabbiner	**protestan rahip/ katolik (ortodoks) rahip/ haham**	**pro**tesstan rahip/ **ka**tolik (ortodokss) rahip/haham
Ich möchte die Kirche besichtigen.	**Kiliseyi/Camiyi gezmek istiyorum.**	k^{i}ilissäji/dschamiji g^{i}äs**mäk** issti**jo**rum

Auf dem Land *Şehir dışında*

Gibt es eine landschaftlich schöne Straße nach Izmir?	**İzmir'e güzel manzaralı bir yol var mı?**	**is**mirä g^{i}ü**säl** mansaralı bir jol **war** mı
Wie weit ist es nach Ankara?	**Ankara'ya ne kadar var?**	an**ka**raja **nä** kadar **war**
Können wir zu Fuß gehen?	**Yürüyerek gidebilir miyiz?**	jürüjäräk g^{i}idä-bi**lir** mijis
Wie hoch ist dieser Berg?	**Şu dağın yüksekliği ne kadardır?**	**schu** daaın jüksäkliei **nä** kadardır
Was für ein(e) ... ist das?	**Bu ne çeşit bir ... dir?**	bu **nä** tschäschit bir ... **dir**
Baum/Blume/ Pflanze/Tier/ Vogel	**ağaç/çiçek/ bitki/hayvan/ kuş**	aaatsch/tschitschäk/ bitk^{i}i/hajwan/ kusch

Bach	**dere**	därä
Bauernhof	**çiftlik**	tschiftlik
Berg	**dağ**	daa
Brücke	**köprü**	k^{i}öprü
Dorf	**köy**	k^{i}öj
Feld	**tarla**	tarla
Fluß	**nehir**	nä**hir**
Garten	**bahçe**	bachtschä
Grotte/Höhle	**mağara**	maaara
Haus	**ev**	äw
Hügel	**tepe**	täpä
Kanal	**kanal**	kanal
Klippe	**uçurum**	utschurum
Mauer	**sur**	ssur
Meer	**deniz**	dänis
Paß	**geçit**	g^{i}ätschit
Quelle	**kaynak**	kajnak
See	**göl**	g^{i}öl
Straße	**cadde**	dschaddä
Tal	**vâdi**	waadi
Teich	**küçük göl**	k^{i}ütschük g^{i}öl
Wald	**orman**	orman
Wasserfall	**şelâle**	schälaalä
Weg	**yol**	jol
Weinberg	**bağ**	baa
Wiese	**çayır**	tschajır

WEG – RICHTUNG, Seite 76

Unterhaltung

In den Großstädten gibt es Veranstaltungskalender, die in Hotels, am Kiosk oder bei den Fremdenverkehrsämtern erhältlich sind.

Haben Sie einen Veranstaltungskalender?	**Şehirdeki faaliyetlerle ilgili bir programınız var mı?**	**schä**hirdäk^{i}i faalijätlärlä ilg^{i}ili bir programınıs **war** mı
Wann beginnt ...?	**... ne zaman başlayacak?**	... **nä** saman baschlajadschak
Aufführung	**Temsil**	tämssil
Film	**Film**	film
Konzert	**Konser**	**kon**ssär
Vorstellung	**Gösteri**	g^{i}össtäri
Wie lange wird es dauern?	**Ne kadar zaman sürer?**	**nä** kadar saman ssürär
Muß man vorbestellen?	**Yer ayırtmak gerekir mi?**	jär ajırtmak g^{i}äräk^{i}ir mi
Wo ist der Kartenverkauf?	**Biletler nerede satılır?**	bilätlär närädä ssatılır

Kino – Theater *Sinema – Tiyatro*

Was läuft heute abend im Kino?	**Bu akşam sinemada ne oynuyor?**	bu akscham ssinämada **nä** ojnu**jor**
Was wird im ... Theater gegeben?	**... tiyatrosunda ne oynuyor?**	... ti**ja**trossunda **nä** ojnu**jor**
Was für ein Stück ist es?	**Ne tür bir oyundur?**	**nä** tür bir ojundur
Von wem ist es?	**Kimin eseridir?**	k^{i}**imin** ässäridir
Können Sie mir ... empfehlen?	**... tavsiye edebilir misiniz?**	... tawssijä ädäbi**lir** **mis**sinis
(guten) Film	**(İyi) Bir film**	(i**ji**) bir film
Komödie	**Bir komedi**	bir **ko**mädi
Musical	**Bir müzikal**	bir **mü**sikal
Wo wird der Film von ... gezeigt?	**... ın/nin filmi nerede gösteriliyor?**	... ın/nin filmi **nä**rädä g^{i}össtärili**jor**
Mit welchen Schauspielern?	**Kimler oynuyor?**	k^{i}im**lär** ojnu**jor**

SPORTVERANSTALTUNGEN, Seite 89

Wer spielt die Hauptrolle?	**Baş rolde kim oynuyor?**	basch roldä **kⁱim** ojnu**jor**
Wer ist der Regisseur?	**Rejisörü kimdir?**	räʒissörü **kⁱim**dir
Ist es eine Freilichtaufführung?	**Bir açıkhava gösterisi midir?**	bir atschıkhawa gⁱösstärissi midir

Oper – Ballett – Konzert *Opera – Bale – Konser*

Können Sie mir ... empfehlen?	**... tavsiye edebilir misiniz?**	... tawssijä ädäbi**lir** **mi**ssinis
Ballett	**Bale**	**ba**lä
Konzert	**Konser**	**kons**sär
Oper	**Opera**	**o**pära
Operette	**Operet**	opä**rät**
Wo ist das Opernhaus/die Konzerthalle?	**Opera binası/Konser salonu nerededir?**	**o**pära binassı/**kons**sär ssalonu **nä**rädädir
Was wird heute abend in der Oper gegeben?	**Operada bu akşam ne var?**	**o**pärada **bu** akscham **nä** war
Wer singt/tanzt?	**Kim şarkı söylüyor/ Kim dans ediyor?**	**kⁱim** scharkı ssöölü**jor**/ **kⁱim danss** ädi**jor**
Welches Orchester spielt?	**Hangi orkestra çalıyor?**	**hang**ⁱi **ork**ⁱässtra tschalı**jor**
Was wird gespielt?	**Hangi eser çalınıyor?**	**hang**ⁱi ässär tschalını**jor**
Wer ist Dirigent/ Solist?	**Orkestra şefi/ Solist kimdir?**	**ork**ⁱässtra schäfi/ **sso**lisst kⁱim**dir**

Karten *Biletler*

Gibt es noch Karten für heute abend?	**Bu akşam için bilet var mı?**	**bu** akscham itschin bilät **war** mı
Was kosten die Karten?	**Biletler kaçadır?**	bilätlär katschadır
Ich möchte 2 Plätze vorbestellen ...	**... iki yer ayırtmak istiyorum.**	... ikⁱi jär ajırt**mak** issti**jo**rum
für Freitag(abend)	**Cuma (akşamı) için**	dschuma (akschamı) itschin
für die Nachmittagsvorstellung (am Sonntag)	**(Pazar) Öğleden sonra gösterisi için**	(pasar) ööladän **sson**ra gⁱösstärissi itschin

WOCHENTAGE, Seite 152

Ich möchte einen Platz ...	**... bir yer istiyorum.**	... bir jär isstijorum
auf dem Balkon	**Balkonda**	balkonda
im Parkett	**Salonda**	ssalonda
in der zweiten Reihe	**İkinci sırada**	ik^{i}indschi ssırada
im ersten Rang	**Birinci balkonda**	birindschi balkonda
Nicht zu weit hinten.	**Çok arkada olmasın.**	**tschok** arkada olmassın
Irgendwo in der Mitte.	**Ortalarda bir yerde.**	ortalarda bir järdä
Kann ich bitte ein Programm haben?	**Bir program verir misiniz?**	bir program wärir missinis
Wo ist die Garderobe?	**Vestiyer nerededir?**	wässtijär närädädir

Üzgünüm, hepsi satıldı.	Bedaure, es ist alles ausverkauft.
Sadece balkonda birkaç yer daha var.	Es gibt nur noch ein paar Plätze auf dem Balkon.
Yeriniz burası.	Das ist Ihr Platz.

Nachtklubs *Gece klüpleri*

Können Sie mir einen guten Nachtklub empfehlen?	**İyi bir gece klübü tavsiye edebilir misiniz?**	iji bir g^{i}ädschä klübü tawssijä ädäbilir missinis
Gibt es Attraktionen?	**Atraksiyon var mı?**	atrakssijon **war** mı
Um wieviel Uhr beginnt die Vorstellung?	**Gösteri saat kaçta başlar?**	g^{i}össtäri ssaat katschta baschlar
Ich möchte einen Bauchtanz sehen.	**Göbek dansı görmek isterim.**	g^{i}öbäk danssı g^{i}örmäk isstärim

Diskotheken *Diskotekler*

Wo können wir tanzen gehen?	**Dans etmeye nereye gidebiliriz?**	**danss** ätmäjä näräjä g^{i}idäbiliris
Gibt es hier eine Diskothek?	**Burada diskotek var mı?**	burada **diss**kotäk **war** mı
Möchten Sie tanzen?	**Dans etmek ister misiniz?**	**danss** ätmäk isstär missinis

Sport *Spor*

Nationalsport ist eine ölige Variante des Ringkampfs *(güreş)*, besonders in Kirkpinar bei Edirne. Die Wettkämpfe finden im Juni statt.

Noch exotischer ist das Kamelringen *(deve güreşi)* in Selçuk bei Kuşadasi. Bei dieser Sportart leben zwei Vertreter des männlichen Geschlechts ihre Aggressionen im Zweikampf aus, bis einer der beiden zum Sieger erklärt wird.

Gibt es irgendeine Sportveranstaltung?	**Herhangi bir spor karşılaşması var mı?**	härhang'i bir sspor karschılaschmassı **war** mı

Autorennen	**otomobil yarışı**	otomo**bil** jarıschı
Basketball	**basketbol**	**bassk**'ätbol
Boxen	**boks**	bokss
Fußball	**futbol**	**fut**bol
Leichtathletik	**atletizm**	atlätism
Pferderennen	**at yarışı**	**at** jarıschı
Radrennen	**bisiklet yarışı**	bissi**klät** jarıschı
Ringen	**güreş**	g'üräsch
Skisport	**kayak**	kajak
Tennis	**tenis**	**tä**niss
Volleyball	**voleybol**	**wo**lääbol

Findet ein Fußballspiel statt?	**Bir futbol maçı var mı?**	bir **fut**bol matschı **war** mı
Welche Mannschaften spielen?	**Hangi takımlar oynuyor?**	**hang**'i takımlar ojnu**jor**
Können Sie mir eine Karte besorgen?	**Bana bir bilet sağlayabilir misiniz?**	bana bir bilät saalajabi**lir** **mis**sinis
Was kostet der Eintritt?	**Giriş ücreti ne kadar?**	g'irisch üdschräti **nä** kadar
Wo ist die (Pferde-) Rennbahn?	**Hipodrom nerededir?**	hipodrom **nä**rädädir
Ich möchte einen Ringkampf sehen.	**Bir güreş görmek istiyorum.**	bir g'üräsch g'ör**mäk** issti**jo**rum

Gibt es einen Golfplatz/Tennisplätze?	**Bir golf sahası/ Tenis sahası var mı?**	bir golf ssahassı/ täniss ssahassı **war** mı
Ich möchte Tennis spielen.	**Tenis oynamak istiyorum.**	täniss ojna**mak** issti**jo**rum
Wieviel kostet es pro ...?	**Bir ... ne kadar?**	bir ... **nä** kadar
Tag/Spiel/Stunde	**günlüğü/maçı/ saati**	g'ünlüüü/ma**tschı**/ ssaati
Kann ich Schläger mieten?	**Raket kiralayabilir miyim?**	**rak'ät** k'iralajabi**lir** **mijim**

Bergsteigen	**dağcılık**	daadschılık
Golf	**golf oyunu**	golf ojunu
Eislaufen	**buz pateni**	**bus** patäni
Joggen	**koşma**	koschma
Radfahren	**bisiklete binme**	bissiklätä binmä
Reiten	**at binme**	at binmä
Schwimmen	**yüzmek**	jüsmäk
Segeln	**yelkenle gitme**	jälk'änlä g'itmä
Wandern	**yürüyüş**	jürüjüsch
Windsurfen	**windsörf**	windssörf

Kann man hier in der Gegend ...?	**Bu bölgede ...?**	bu bölg'ädä
angeln jagen	**balık avlanır mı** **avlanılır mı**	balık awlanır mı awlanılır mı
Brauche ich einen Angelschein?	**Avlanma ruhsatına ihtiyaç var mı?**	awlanma ruchssatına ihtijatsch **war** mı
Kann man im See/ Fluß schwimmen?	**Gölde/Nehirde yüzülür mü?**	g'öldä/**nä**hirdä jüsü**lür** mü
Gibt es hier ein ...?	**Burada ... var mı?**	**burada** ... **war** mı
Schwimmbad Frei-/Hallenbad	**yüzme havuzu** **açik/kapalı yüzme havuzu**	jüs**mä** hawusu atschık/kapalı jüs**mä** hawusu
Ist es geheizt?	**Isıtma tertibatı var mıdır?**	ıssıtma tär**ti**batı **war** mıdır
Welche Temperatur hat das Wasser?	**Suyun sıcaklığı kaç derecedir?**	ssujun ssıdschaklıı **katsch** därädschädir
Wo finde ich ein türkisches Bad?	**Nerede bir Türk hamamı bulabilirim?**	**nä**rädä bir **türk** hamamı bulabili**rim**

Strand *Plaj*

Wie ist der Strand?	**Nasıl bir plajdır?**	**na**ssıl bir plaʒdır
felsig sandig steinig	**kayalık** **kumlu** **taşlı**	kajalık kumlu taschlı
Ist es ungefährlich, hier zu schwimmen?	**Burada yüzmek tehlikesiz midir?**	burada jüsmäk tählik^{i}**ässiz** midir
Gibt es einen Rettungsdienst?	**Cankurtaran hizmeti var mı?**	dschankurtaran hismäti **war** mı
Wie tief ist das Wasser?	**Suyun derinliği ne kadar?**	sujun därinliei **nä** kadar
Es gibt hohe Wellen.	**Yüksek dalgalar vardır.**	jükssäk dalgalar **war**dır
Gibt es gefährliche Strömungen?	**Tehlikeli akıntılar var mıdır?**	tählik^{i}äli akıntılar war mıdır
Wann ist Flut/Ebbe?	**Met/Cezir ne zamandır?**	mät/dschäsir nä samandır
Ich möchte ... mieten.	**Bir ... kiralamak istiyorum.**	bir ... k^{i}irala**mak** isst**ij**orum
Badekabine Liegestuhl Motorboot Ruderboot Segelboot Sonnenschirm Tretboot Wasserski Windsurfbrett	**kabin** **şezlong** **motorlu kayık** **kürekli kayık** **yelkenli kayık** **güneş şemsiyesi** **su bisikleti** **su kayağı** **windsörf**	kabin schäslong motorlu kajık k^{i}üräkli kajık jälk^{i}änli kajık g^{i}ünäsch schämssijässi **ssu** bissikläti **ssu** kajaaı **wind**ssörf

ÖZEL PLAJ	PRIVATSTRAND
DENİZE GİRMEK YASAKTIR	BADEN VERBOTEN

Wintersport *Kış sporları*

Ich möchte skifahren.	**Kayak yapmak istiyorum.**	kajak jap**mak** isst**ij**orum
Gibt es Skilifte?	**Telesiyej var mıdır?**	tälässijäʒ **war** mıdır
Ich möchte eine Skiausrüstung mieten.	**Kayak teçhizatı kiralamak istiyorum.**	kajak tätschhisatı k^{i}irala**mak** isst**ij**orum

Bekanntschaften

Vorstellen *Tanıştırmak*

Darf ich Ihnen ... vorstellen?	**Size ... ı/i tanıştırabilir miyim?**	ssisä ... ı/i tanıschtırabi**lir** mijim
Ich heiße ...	**Adım ...'dır.**	**adım** ... dır
Sehr erfreut!	**Çok memnum oldum.**	**tschok** mämnum oldum
Wie heißen Sie?	**Adınız ne?**	adınıs **nä**
Wie geht es Ihnen?	**Nasılsınız?**	**na**ssılssınıs
Gut, danke. Und Ihnen?	**İyiyim, teşekkür ederim. Siz nasılsınız?**	ijijim täschä**kk^{i}ür** ädärim. **ssis** nassılssınıs

Näheres Kennenlernen *Daha yakından tanışmak*

Wie lange sind Sie schon hier?	**Ne zamandan beri buradasınız?**	**nä** samandan bäri buradassınıs
Wir sind seit einer Woche hier.	**Bir haftadan beri buradayız.**	**bir** haftadan bäri **bu**radajıs
Sind Sie zum ersten Mal hier?	**Buraya ilk gelişiniz mi?**	**bu**raja **ilk** g^{i}älischinis mi
Nein, wir waren schon letztes Jahr hier.	**Hayır, geçen yıl da buraya gelmiştik.**	hajır g^{i}ätschän jıl da buraja g^{i}älmischtik
Wie lange bleiben Sie?	**Ne kadar kalacaksınız?**	**nä** kadar kaladschakssınıs
Gefällt es Ihnen?	**Beğendiniz mi?**	beeändinis mi
Ja, es gefällt mir sehr gut.	**Evet, çok beğendim.**	äwät **tschok** beeändim
Die Landschaft gefällt mir sehr.	**Manzarayı çok beğendim.**	mansarajı **tschok** beeändim
Wie denken Sie über das Land/die Leute?	**Ülke/Halk hakkında ne düşünüyorsunuz?**	ülk^{i}ä/halk hakkında **nä** düschünüjorssunus
Welche Sehenswürdigkeiten haben Sie besichtigt?	**Hangi görülmeye değer yerleri gezdiniz?**	**hang**^{i}i g^{i}örülmäjä deeär järläri g^{i}äsdinis
Woher kommen Sie?	**Nerelisiniz?**	**n**ärälissinis
Ich bin aus ...	**... denim/danım.**	... dänim/danım

LÄNDER, Seite 146

Was machen Sie beruflich?	**Mesleğiniz nedir?**	mässleeinis **nädir**
Wo arbeiten Sie?	**Nerede çalışıyorsunuz?**	**närädä** tschalıschıjorssunus
Ich bin Student(in).	**Öğrenciyim.**	öörändschijim
Ich bin auf Geschäftsreise.	**İş gezisindeyim.**	**isch** g^{i}äsissindäjim
Reisen Sie viel?	**Çok gezer misiniz?**	**tschok** g^{i}äsär **missinis**
Wo wohnen Sie?	**Nerede kalıyorsunuz?**	**närädä** kalıjorssunus
Sind Sie alleine hier?	**Tek başınıza mısınız?**	**täk** baschınısa mıssınıs
Ich bin mit ... hier.	**... beraberim.**	... bärabä**rim**
meiner Frau	**Karımla**	**ka**rımla
meinem Mann	**Kocamla**	**ko**dschamla
meinen Eltern	**Anne ve babamla**	annä wä babamla
meiner Familie	**Ailemle**	ailämlä
meinen Kindern	**Çocuklarımla**	tscho**dschuk**larımla
meiner Freundin	**Kız arkadaşımla**	**kıs** arkadaschımla
meinem Freund	**Erkek arkadaşımla**	ärk^i**äk** arkadaschımla

Großvater/Großmutter	**büyükbaba/büyükanne**	bü**jük**baba/bü**jük**annä
Vater/Mutter	**baba/anne**	baba/annä
Sohn/Tochter	**oğul/kız**	ooul/kıs
Bruder/Schwester	**erkek kardeş//kız kardeş**	ärk^i**äk** kardäsch/**kıs** kardäsch
Onkel/Tante	**amca, dayı*/hala, teyze****	amdscha, dajı/hala, tääsä
Neffe/Nichte	**erkek yeğen/kız yeğen**	ärk^i**ak** jeeän/kıs jeeän
Cousin/Cousine	**kuzen/kuzin**	**kusän/kusin**

Sind Sie verheiratet/ledig?	**Evli misiniz/Bekâr mısınız?**	**äw**li missinis/bä**kaar** mıssınıs
Haben Sie Kinder?	**Çocunuz var mı?**	tschodschunus **war** mı

* Bruder des Vaters/der Mutter
** Schwester des Vaters/der Mutter

Das Wetter *Hava*

Was für ein herrlicher Tag!	**Ne nefis bir gün!**	**nä** näfiss bir g^{i}ün
Was für ein scheußliches Wetter!	**Ne berbat bir hava!**	**nä** bärbat bir hawa
Welche Kälte/Hitze!	**Ne soğuk/sıcak!**	**nä** ssoouk/ssıdschak
Es ist windig heute.	**Bugün hava rüzgârlı.**	bug^{i}ün hawa rüsgaarlı
Glauben Sie, daß es morgen ... wird?	**Sizce yarın hava ... olur?**	sisdschä jarın hawa ... o**lur**
schön sein	**güzel mi**	g^{i}ü**säl** mi
regnen	**yağmurlu mu**	jaamur**lu** mu
schneien	**karlı mı**	karlı mı
Was sagt der Wetterbericht?	**Hava raporunda ne söylediler?**	hawa raporunda **nä** söölädilär

Blitz	**şimşek**	schimschäk
Donner	**gök gürültüsü**	**g^{i}ük** g^{i}ürültüssü
Eis	**buz**	bus
Frost	**don**	don
Gewitter	**fırtına**	fırtına
Himmel	**gök**	g^{i}ök
Mond	**ay**	aj
Nebel	**sis**	ssiss
Regen	**yağmur**	jaamur
Schnee	**kar**	kar
Sonne	**güneş**	g^{i}ünäsch
Stern	**yıldız**	jıldıs
Sturm	**fırtına**	fırtına
Wind	**rüzgâr**	rüsgaar
Wolke	**bulut**	bulut

Einladungen *Davet*

Möchten Sie am ... mit uns zu Abend essen?	**... günü bizimle akşam yemeği yemek ister misiniz?**	... g^{i}ünü bisimlä ak**scham** jämeei jämäk iss**tär mis**sinis
Darf ich Sie zum Mittagessen einladen?	**Sizi öğle yemeğine davet edebilir miyim?**	ssisi öölä jämeeinä dawät ädäbi**lir** mijim
Kommen Sie heute abend auf ein Gläschen zu uns?	**Bu akşam bize içkiye gelelir misiniz?**	bu akscham bisä itschk^{i}ijä g^{i}älä**lir** **mis**sinis

Es gibt eine Party.	**Bir parti var.**	bir parti **war**
Kommen Sie auch?	**Siz de geliyor musunuz?**	siss dä g^{i}äli**jor mus**sunus
Das ist sehr nett von Ihnen.	**Çok naziksiniz.**	**tschok** nasikssinis
Prima, ich komme gerne.	**Fevkalade, memnuniyetle gelirim.**	**fäw**kaladä mämnunijätlä **g^{i}ä**lirim
Wann sollen wir kommen?	**Saat kaçta gelelim?**	ssaat **katsch**ta g^{i}älälim
Kann ich einen Freund/eine Freundin mitbringen?	**Bir arkadaşı da getirebilir miyim?**	bir arkadaschı da g^{i}ätiräbi**lir** mijim
Wir müssen (jetzt) leider gehen.	**Ne yazıkıki (şimdi) gitmemiz gerekiyor.**	**nä** jasıkık^{i}i (**schim**di) g^{i}itmämis g^{i}äräk^{i}**ijor**
Wir möchten uns verabschieden.	**Veda etmek istiyoruz.**	wäda ätmäk isstijo**rus**
Nächstes Mal müssen Sie uns besuchen.	**Gelecek sefere de biz sizi bekleriz.**	g^{i}älädschäk ssäfärä dä **bis** ssisi bäkläris
Vielen Dank für den schönen Abend.	**Bu güzel akşam için çok teşekkürler.**	**bu** g^{i}üsäl akscham itschin **tschok** täschäkk^{i}ürlär

Verabredungen *Randevu*

Stört es Sie, wenn ich rauche?	**Sigara içmem sizi rahatsız eder mi?**	ssigara itschmäm ssisi rahatssız ä**där** mi
Möchten Sie eine Zigarette?	**Sigara ister misiniz?**	ssigara iss**tär mis**sinis
Können Sie mir Feuer geben, bitte?	**Lütfen ateşinizi verebilir misiniz?**	**lüt**fän atäschinisi wäräbi**lir mis**sinis
Darf ich mich hier hinsetzen?	**Buraya oturabilir miyim?**	buraja oturabi**lir** mijim
Möchten Sie etwas trinken?	**Birşey içmek ister misiniz?**	birschäj itschmäk iss**tär mis**sinis
Warten Sie auf jemanden?	**Birini mi bekliyorsunuz?**	biri**ni** mi bäklijorssunus
Möchten Sie heute abend mit mir ausgehen?	**Bu akşam benimle çıkar mısınız?**	**bu** akscham bänimlä tschı**kar** mıssınıs

Haben Sie heute abend Zeit?	**Bu akşam serbest misiniz?**	**bu** akscham ssär**bässt** **mis**sinis
Möchten Sie tanzen gehen?	**Dansa gitmek ister misiniz?**	**dan**ssa g^{i}itmäk iss**tär** **mis**sinis
Ich kenne eine gute Diskothek.	**İyi bir diskotek biliyorum.**	iji bir **diss**kotäk bili**jo**rum
Sollen wir ins Kino gehen?	**Sinemaya gidelim mi?**	**ssi**nämaja g^{i}idälim mi
Wollen wir eine Ausfahrt machen/ spazierengehen?	**Arabayla gezmek/ Yürüyüş yapmak ister misiniz?**	arabajla g^{i}äsmäk/ jürüjüsch jap**mak** iss**tär** **mis**sinis
Wo treffen wir uns?	**Nerede buluşalım?**	**nä**rädä buluschalım
Ich hole Sie um 8 Uhr (in Ihrem Hotel) ab.	**Sizi saat 8'de (otelinizden) alırım.**	ssisi ssaat **8**'dä (otälinis**dän**) alırım
Können wir uns duzen?	**Birbirimize »sen« diyebilir miyiz?**	birbirimisä **ssän** dijäbilir mijis
Darf ich Sie nach Hause bringen?	**Sizi evinize götürebilir miyim?**	ssisi äwinisä g^{i}ötüräbi**lir** mijim
Kann ich Sie/dich wiedersehen?	**Sizi/Seni yarın tekrar görebilir miyim?**	ssisi/ssäni jarın **täk**rar g^{i}öräbi**lir** mijim

... und so wollen Sie vielleicht antworten:

Danke, sehr gerne.	**Teşekkür ederim, memnuniyetle.**	täschä**kk**^{i}**ür** ädärim mämnunijätlä
Vielen Dank, aber ich habe keine Zeit.	**Çok teşekkür ederim fakat zamanım yok.**	**tschok** täschä**kk**^{i}**ür** ädärim fakat samanım **jok**
Nein, das interessiert mich nicht.	**Hayır, beni ilgilendirmiyor.**	**ha**jır bäni ilg^{i}ilän**dir**-mijor
Lassen Sie mich bitte in Ruhe!	**Lütfen beni rahat bırakın.**	**lüt**fän bäni ra**hat** bırakın
Ich habe mich gut unterhalten.	**Çok eğlendim.**	**tschok** eeländim
Wie ist Ihre Telefonnummer?	**Telefon numaranız kaç?**	täläfon **nu**maranıs katsch
Wann fährt Ihr letzter Bus/Zug?	**Son otobüsünüz/ treniniz ne zaman?**	sson otobüssünüs/ tränìnis **nä** saman

Einkaufsführer

Dieser Einkaufsführer soll Ihnen helfen, leicht und schnell genau das zu finden, was Sie suchen. Er enthält:

1. Eine Liste der wichtigsten Läden und Geschäfte (S. 98).
2. Allgemeine Ausdrücke und Redewendungen fürs Einkaufen (S. 100).
3. Wichtige Geschäfte in Einzelheiten: Unter den folgenden Überschriften finden Sie Ratschläge und alphabetische Listen der Artikel.

Geschäfte und Läden *Dükkânlar ve mağazalar*

Einkaufen kann man normalerweise montags bis samstags von 9 oder 9.30 Uhr bis 19 Uhr. Verschiedene kleinere Geschäfte in Ferienzentren schließen abends erst später und sind sonntags geöffnet.

Wann öffnet/schließt ...?	**Ne zaman açılır/Ne zaman kapanır ...?**	nä saman atschılır/nä saman kapanır
Wo ist der/die/das nächste ...?	**En yakın ... nerededir?**	än jakın ... närädädir
Andenkenladen	**hâtıra eşya satan dükkân**	haatıra äschja ssatan dükkaan
Antiquitätengeschäft	**antikacı dükkânı**	antikadschı dükkaanı
Apotheke	**eczane**	ädschsanä
Bäckerei	**fırın**	fırın
Basar	**kapalı çarşı**	kapalı tscharschı
Blumengeschäft	**çiçekçi dükkânı**	tschitschäktschi dükkaanı
Buchhandlung	**kitabevi**	k^{i}itabäwi
Delikatessengeschäft	**şarküteri**	schark^{i}ütäri
Drogerie	**ıtriyatçı**	ıtrijattschı
Einkaufszentrum	**alış-veriş merkezi**	alısch-wärisch märk^{i}äsi
Eisenwarenhandlung	**nalbur**	nalbur
Elektrogeschäft	**elektrikçi dükkânı**	äläktriktschi dükkaanı
Fischhandlung	**balıkçı**	balıktschı
Fleischerei	**kasap**	kassap
Fotogeschäft	**fotoğrafçı dükkânı**	fotooraftschı dükkaanı
Gebrauchtwarenladen	**eskici dükkânı**	ässk^{i}idschi dükkaanı
Gemüsehandlung	**manav**	manaw
Juwelier	**kuyumcu**	kujumdschu
Kleidergeschäft	**elbise mağazası**	älbissä maaasassı
Konditorei	**pastane**	passtanä
Kurzwarenhandlung	**tuhafiye mağazası**	tuhafijä maaasassı
Lebensmittelgeschäft	**bakkaliye**	bakkalijä
Lederwarengeschäft	**deri eşya mağazası**	däri äschja maaasassı
Markt	**pazar**	pasar
Metzgerei	**kasap**	kassap
Milchhandlung	**sütçü**	ssüttschü
Musikalienhandlung	**müzik aletleri satıcısı**	müsik alätläri ssatıdschıssı
Optiker	**gözlükçü**	g^{i}öslüktschü
Pelzgeschäft	**kürkçü dükkânı**	k^{i}ürktschü dükkaanı

UHRZEIT, Seite 154

Schreibwaren-handlung	**kırtasiye dükkânı**	kırtassi**jä** dükkaanı
Schuhgeschäft	**ayakkabı mağazası**	a**jakk**abı maaasassı
Spielwarengeschäft	**oyuncakçı dükkânı**	ojundschak**tschı** dükkaanı
Spirituosenhandlung	**alkollü içkiler dükkânı**	alkol**lü** itschk^{i}ilär dükkaanı
Sportgeschäft	**spor mağazası**	**sspor** maaasassı
Stoffladen	**kumaş mağazası**	ku**masch** maaasassı
Süßwarenladen	**şekerci dükkânı**	schäk^{i}är**dschi** dükkaanı
Tabakladen	**tekel bayii**	täk^{i}äl bajii
Uhrengeschäft	**saat mağazası**	ssa**at** maaasassı
Warenhaus	**büyük mağaza**	bü**jük** maaasa
Weinhandlung	**şarapçı dükkânı**	scharap**tschı** dükkaanı
Zeitungsstand	**gazete bayii**	ga**sä**tä bajii

İNDİRİMLİ SATIŞLAR
AUSVERKAUF

TASFİYE SATIŞI
SCHLUSSVERKAUF

Weitere nützliche Adressen *Başka yararlı adresler*

Bank	**banka**	**ban**ka
Bibliothek	**kütüphane**	k^{i}ütüphanä
chemische Reinigung	**kuru temizleme**	ku**ru** tämislämä
Damenschneider(in)	**kadın terzisi**	kadın tärsissi
Fotograf	**fotoğrafçı**	fotooraftschı
Friseur (Damen)	**berber (kadın)**	bärbär (ka**dın**)
Friseur (Herren)	**berber (erkek)**	bärbär (ärk^{i}äk)
Fundbüro	**kayıp eşya bürosu**	ka**jıp** äschja bürossu
Herrenschneider	**erkek terzisi**	är**k^{i}äk** tärsissi
Kosmetiksalon	**güzellik salonu**	g^{i}üsäl**lik** ssalonu
Kunstgalerie	**sanat galerisi**	ssa**nat** galärissi
Polizeiwache	**polis karakolu**	po**liss** karakolu
Postamt	**postane**	**poss**tanä
Reisebüro	**seyahat acentası**	ssäja**hat** adschäntassı
Schuhmacher	**ayakkabıcı**	a**jakk**abıdschı
Tierarzt	**veteriner**	wätärinär
Uhrmacher	**saatçi**	ssaattschi
Wäscherei	**çamaşırhane**	tschama**schır**hanä
Waschsalon	**çamaşır salonu**	tschama**schır** ssalonu

WÄSCHEREI, Seite 29 / FRISEUR, Seite 30

Allgemeine Redewendungen *Genel deyimler*

Wo? *Nerede?*

Wo kann ich ... kaufen?	**Nereden ... satın alabilirim?**	närädän ... ssatın alabilirim
Wo finde ich ...?	**Nerede ... bulabilirim?**	närädä ... bulabilirim
Wo ist das Haupteinkaufsviertel?	**Asıl alış veriş merkezi neredFor?**	assıl alısch wärisch märk'äsi närädädir
Gibt es hier ein Warenhaus?	**Burada bir büyük mağaza var mı?**	burada bir büjük maaasa war mı
Wie komme ich dorthin?	**Oraya nasıl gidebilirim?**	oraja nassıl g'idäbilirim

Bedienung *Servis*

Können Sie mir helfen?	**Bana yardım edebilir misiniz?**	bana jardım ädäbilir missinis
Ich suche ...	**... arıyorum.**	... arıjorum
Ich sehe mich nur um.	**Sadece bakıyorum.**	ssadädschä bakıjorum
Ich möchte ...	**... istiyorum.**	... isstijorum
Haben/Verkaufen Sie ...?	**... var mı/... satıyor musunuz?**	... war mı/ ... ssatıjor mussunus
Können Sie mir ... zeigen?	**... gösterebilir misiniz?**	... g'össtäräbilir missinis
dies hier/das da	**Bunu/Onu**	bunu/onu
das im Schaufenster/ in der Vitrine	**Vitrindekini/ Camekânın içindekini**	witrindäk'ini/ dschamäkaanın itschindäk'ini

Beschreibung des Artikels *Eşyanın tanımı*

Es sollte ... sein.	**... olmalı.**	... olmalı
elegant	**Şık**	schık
leicht	**Hafif**	hafif
modern	**Modern**	modärn
originell	**Değişik**	deeischik
robust	**Sağlam**	ssaalam
Ich möchte nichts zu Teures.	**Çok pahalı birşey istemiyorum.**	tschok pahalı birschäj isstämijorum

WEG – RICHTUNG, Seite 76

breit/schmal	**bol/dar**	bol/dar
lang/kurz	**uzun/kısa**	usun/kıssa
oval	**oval**	owal
rechteckig	**dikdörtgen**	dikdörtg^{i}än
rund	**yuvarlak**	juwarlak
viereckig	**dörtgen**	dörtg^{i}än

Ich hätte lieber ... *... tercih ederdim*

Können Sie mir noch etwas anderes zeigen?	**Başka birşey daha gösterebilir misiniz?**	baschka birschäj **da**ha g^{i}össtäräbi**lir mi**ssinis
Haben Sie nichts ...?	**... birşey yok mu?**	... birschäj **jok** mu
Billigeres/Besseres	**Daha ucuz/Daha iyi**	**da**ha udschus/**da**ha iji
Größeres/Kleineres	**Daha büyük/Daha küçük**	**da**ha bü**jük**/**da**ha k^{i}**ütschük**
Es ist zu ...	**Çok ...**	**tschok**
groß/klein	**büyük/küçük**	bü**jük**/k^{i}**ütschük**
hell/dunkel	**açık/koyu**	**atschık**/koju

Wieviel? *Kaça?*

Was kostet das?	**Bu kaçadır?**	**bu** katschadır
Ich verstehe nicht.	**Anlamıyorum.**	anlamı**jo**rum
Würden Sie es bitte aufschreiben?	**Lütfen yazar mısınız?**	**lüt**fän jasar mıssınıs
Ich will nicht mehr als ... Lira ausgeben.	**... liradan daha çok harcamak istemiyorum.**	... liradan **da**ha tschok hardscha**mak** iss**tä**mijorum

Entscheidung *Karar*

Ich nehme es.	**Bunu alacağım.**	**bu**nu aladschaaım
Nein, das gefällt mir nicht.	**Hayır, bunu beğenmedim.**	hajır **bu**nu beeänmädim
Die Farbe/Form gefällt mir nicht.	**Rengini/Şeklini beğenmedim.**	räng^{i}ini/schäklini beeänmädim
Es ist nicht ganz das, was ich möchte.	**Tam olarak istediğim değil.**	**tam** olarak isstädieim deeil

FARBEN, Seite 109

Sonst noch etwas? *Başka birşey daha?*

Nein danke, das ist alles.	**Hayır, hepsi bu kadar, teşekkür ederim.**	hajır **häp**ssi bu kadar täschä**kk**^{i}**ür** ädärim

Bestellen *Ismarlamak*

Können Sie es für mich bestellen?	**Bunu benim için ısmarlar mısınız?**	**bu**nu bänim itschin ıssmar**lar** mıssınıs
Wie lange dauert es?	**Ne kadar zaman sürer?**	**nä** kadar saman ssürär

Lieferung *Teslim*

Ich nehme es mit.	**Kendim götürürüm.**	k^{i}ändim g^{i}ötürürüm
Liefern Sie es ins Hotel ...	**... Oteli'ne teslim edin.**	... otälinä tässlim ädin
Schicken Sie es bitte an diese Adresse.	**Lütfen şu adrese gönderin.**	**lüt**fän **schu** adrässä g^{i}öndärin
Werde ich beim Zoll Schwierigkeiten haben?	**Gümrükte herhangi bir güçlükle karşılaşabilir miyim?**	g^{i}ümrüktä härhang^{i}i bir g^{i}ütschlüklä karschılaschabi**lir** mijim

Bezahlen *Ödemek*

Was kostet es?	**Bu kaçadır?**	bu **ka**tschadır
Kann ich mit ... zahlen?	**... ile ödeyebilir miyim?**	... ilä ödäjäbilir mijim
Eurocheque	**Euroçek**	äurotschäk
Kreditkarte	**Kredi kartı**	**krä**di kartı
Reisescheck	**Seyahat çeki**	ssäja**hat** tschäk^{i}i
Muß ich Mehrwertsteuer zahlen?	**Katma Değer Vergisi (KDV) ödemem gerekiyor mu?**	katma de**eär** wärg^{i}issi (ka dä wä) ödämäm g^{i}äräk^{i}ijor mu
Ich glaube, Sie haben sich verrechnet.	**Sanıyorum yanlış hesapladınız?**	ssanıjorum jan**lısch** hässapladınıs
Kann ich eine Quittung haben?	**Makbuz alabilir miyim?**	makbus alabi**lir** mijim
Kann ich bitte eine Tragetasche haben?	**Lütfen bir torba alabilir miyim?**	**lüt**fän bir torba alabi**lir** mijim
Würden Sie es mir bitte einpacken?	**Lütfen paket yapar mısınız?**	**lüt**fän pak^{i}ät ja**par** **mıs**sınıs

Size yardım edebilir miyim?	Kann ich Ihnen helfen?
Ne istersiniz?	Was wünschen Sie?
Ne yazık ki bizde yok.	Das haben wir leider nicht.
Ne yazık ki kalmadı.	Das haben wir nicht vorrätig.
Onu sizin için ısmarlayalım mı?	Sollen wir es bestellen?
Kendiniz mi götürürsünüz yoksa gönderelim mi?	Nehmen Sie es mit oder sollen wir es schicken?
... lira, lütfen.	Das macht ... Lira, bitte.

Unzufrieden *Memnun olmayan*

Kann ich das bitte umtauschen?	**Şunu değiştirebilir miyim, lütfen?**	**schu**nu deeischtiräbi**lir** mijim **lüt**fän
Ich möchte das zurückgeben.	**Şunu geri vermek istiyorum.**	**schu**nu **g^{i}ä**ri wär**mäk** isst**ij**orum
Ich möchte das Geld zurückerstattet haben.	**Parayı geri almak istiyorum.**	parajı **g^{i}ä**ri al**mak** isst**ij**orum
Hier ist die Quittung.	**İşte makbuz.**	**isch**tä makbus

Im Warenhaus *Büyük mağazada*

Wo ist ...?	**... nerededir?**	... **nä**rädädir
In welcher Abteilung?	**Hangi reyonda?**	**hang**^{i}i räjonda
Auf welchem Stockwerk?	**Hangi katta?**	**hang**^{i}i katta
Wo ist ...?	**... nerededir?**	... **nä**rädädir
Aufzug	**Asansör**	assanssör
Rolltreppe	**Yürüyen merdiven**	jürü**jän** märdiwän
Treppe	**Merdiven**	märdiwän
Kasse	**Kasa**	kassa

GİRİŞ	EINGANG
ÇIKIŞ	AUSGANG
İMDAT ÇIKIŞI	NOTAUSGANG

Apotheke – Drogerie/Parfümerie
Eczane – Itriyatçı/Parfümeri mağazası

Apotheken, erkenntlich am Schild *Eczane,* sind von 8 bis 20 Uhr geöffnet. Die Adresse der Apotheke mit Nachtdienst finden Sie im Schaufenster. Sollte sie verschlossen sein, dann klingeln und warten Sie.

Zur besseren Übersicht ist dieses Kapitel in zwei Teile gegliedert:

1. Arzneien, Medikamente, Erste Hilfe
2. Kosmetik- und Toilettenartikel

Allgemeines *Genel*

Wo ist die nächste Apotheke (mit Nachtdienst)?	**En yakın (nöbetçi) eczane nerededir?**	än jakın (nöbättschi) ädschsanä närädädir
Um wieviel Uhr öffnet/schließt die Apotheke?	**Eczane ne zaman açılır/kapanır?**	ädschsanä nä saman atschılır/kapanır

1. Arzneien *İlaçlar*

Ich möchte etwas gegen ...	**... için birşey istiyorum.**	... itschin birschäj isstijorum
Erkältung	**Nezle**	näslä
Fieber	**Ateş**	atäsch
Heuschnupfen	**Bahar nezlesi**	bahar näslässi
Husten	**Öksürük**	ökssürük
Insektenstiche	**Böcek sokması**	bödschäk ssokmassı
Kopfschmerzen	**Başağrısı**	baschaarıssı
Magenschmerzen	**Mide ağrısı**	midä aarıssı
Reisekrankheit	**Yol tutması**	jol tutmassı
Sonnenbrand	**Güneş yanığı**	g[i]ünäsch janıı
Verdauungsstörungen	**Hazımsızlık**	hasımssıslık
Kann ich es ohne Rezept bekommen?	**Reçetesiz alabilir miyim?**	rätschätässis alabilir mijim

ARZT, Seite 137

Ich möchte ...	**... istiyorum.**	... isstijorum
Abführmittel	**Müshil**	müsshil
Aspirin	**Aspirin**	asspirin
Augentropfen	**Göz damlası**	g^{i}ös damlassı
Beruhigungsmittel	**Müsekkin**	müssäkk^{i}in
Damenbinden	**Adet bezi**	adät bäsi
Desinfektionsmittel	**Dezenfektan**	däsänfäktan
elastische Binde	**Esnek sargı**	ässnäk ssargı
Fieberthermometer	**Derece**	därädschä
Gaze	**Gazlı bez**	gaslı bäs
Gurgellösung	**Gargara**	gargara
Halstabletten	**Boğaz pastili**	booas passtili
Heftpflaster	**Flaster**	flasstär
Hühneraugenpflaster	**Nasır için flaster**	nassır itschin flasstär
Hustensaft	**Öksürük şurubu**	ökssürük schurubu
Insektenschutz	**Böceklerden korunmak için birşey**	bödschäklärdän korunmak itschin birschäj
Insektizid	**Haşarat ilac**	hascharat iladsch
Jod	**Tentürdiyot**	täntürdijot
Kohletabletten	**Ishal ilacı**	ısshal iladschı
Kreislaufmittel	**Kan dolaşımı ilacı**	kan dolaschımı iladschı
Nasentropfen	**Burun damlası**	burun damlassı
Ohrentropfen	**Kulak damlası**	kulak damlassı
Präservative	**Prezervatif**	präsärwatif
... salbe	**... merhemi**	... märhämi
Schlafmittel	**Uyku ilacı**	ujku iladschı
Schmerzmittel	**Ağrı kesici**	aarı k^{i}ässidschi
... tabletten	**... tablet**	... tablät
Tampons	**Tampon**	tampon
Verband	**Sargı**	ssargı
Verbandmull	**Sargı bezi**	ssargı bäsi
Verhütungsmittel	**Doğum kontrol ilacı**	dooum kontrol iladschı
Vitamin Brausetabletten	**Vitamin Suda eriyen tabletler**	witamin ssuda ärijän tablätlär
Watte	**Pamuk**	pamuk
Wundsalbe	**Yara merhemi**	jara märhämi
Zäpfchen	**Fitil**	fitil

ZEHİR	GIFT
İÇİLMEZ	NICHT EINNEHMEN

KÖRPERTEILE, Seite 138

2. Kosmetik- und Toilettenartikel *Kozmetik ve tuvalet malzemesi*

Ich hätte gern ...	**... istiyorum.**	... isst**ij**orum
Abschminkwatte	**Makyaj pamuğu**	makj**aʒ** pamuuu
Augenbrauenstift	**Kaş kalemi**	**kasch** kalämi
Badesalz	**Banyo tuzu**	**ban**jo tusu
Creme	**Krem**	kräm
für trockene/normale/fettige Haut	**kuru/normal/ yağlı cilt için**	kuru/normal/ jaalı dschilt itschin
Feuchtigkeitscreme	**Nemlendirici krem**	nämländiridschi kräm
Nachtcreme	**Gece kremi**	g^{i}**ädschä** krämi
Reinigungscreme	**Temizleme kremi**	tä**mis**lämä krämi
Tagescreme	**Gündüz kremi**	g^{i}ün**düs** krämi
Unterlagencreme	**Fondöten krem**	**fon**dötän kräm
Deodorant	**Deodorant**	däodorant
Gesichtsmaske	**Yüz maskesi**	jüs massk^{i}ässi
Gesichtspuder	**Pudra**	pudra
Haarentfernungsmittel	**Kıl temizleme ilacı**	**kıl** tämislämä iladschı
Handcreme	**El kremi**	**äl** krämi
Kölnisch Wasser	**Kolonya**	kolonja
Körpermilch	**Vücut sütü**	wü**dschut** ssütü
Körperpuder	**Talk pudrası**	**talk** pudrassı
Kosmetiktäschchen	**Makyaj çantası**	makjaʒ tschantassı
Lidschatten	**Far**	far
Lidstift	**Göz kalemi**	**g^{i}ös** kalämi
Lippenpomade	**Dudak kremi**	du**dak** krämi
Lippenstift	**Ruj**	ruʒ
Mundwasser	**Ağız dezenfekte eden su**	**aaıs** däsänfäktä ädän ssu
Nagelbürste	**Tırnak fırçası**	tır**nak** fırtschassı
Nagelfeile	**Madeni tırnak törpüsü**	ma**dä**ni tırnak törpüssü
Nagellack	**Tırnak cilâsı**	tır**nak** dschilaassı
Nagellackentferner	**Aseton**	assäton
Nagelschere	**Tırnak makası**	tır**nak** makassı
Nagelzange	**Tırnak makası**	tır**nak** makassı
Papiertaschentücher	**Kâğıt mendil**	kaa**ıt** mändil
Parfüm	**Parfüm**	parfüm
Pinzette	**Cımbız**	dschımbıs
Puder	**Pudra**	pudra
Rasierapparat	**Tıraş makinesi**	tı**rasch** mak^{i}inässi
Rasiercreme/-schaum	**Tıraş kremi/ köpüğü**	tı**rasch** krämi/ k^{i}öpüüü
Rasierklingen	**Tıraş bıçağı**	tı**rasch** bıtschaaı
Rasierpinsel	**Tıraş fırçası**	tı**rasch** fırtschassı
Rasierwasser	**Tıraş losyonu**	tı**rasch** lossjonu

Rouge	**Allık**	allık
Schaumbad	**Banyo köpüğü**	**ban**jo k^{i}öpüüü
Schwamm	**Sünger**	ssüng^{i}är
Seife	**Sabun**	ssabun
Sicherheitsnadeln	**Çengelli iğne**	tschäng^{i}älli ienä
Sonnencreme	**Güneş kremi**	g^{i}**ünäsch** krämi
Sonnenöl	**Güneş yağı**	g^{i}**ünäsch** jaaı
Toilettenpapier	**Tuvalet kâğıdı**	tuwa**lät** kaaıdı
Wimperntusche	**Rimel**	rimäl
Zahnbürste	**Diş fırçası**	**disch** fırtschassı
Zahnpasta	**Diş macunu**	**disch** madschunu

Für Ihr Haar *Saçınız için*

Haarbürste	**Saç fırçası**	**ssatsch** fırtschassı
(Haar)färbemittel	**Saç boyası**	**ssatsch** bojassı
Haarfestiger	**Saç jölesi**	**ssatsch** ʒölässi
Haarklemmen	**Pens**	pänss
Haarnadeln	**Firkete**	firk^{i}ätä
Haarspange	**Saç tokası**	**ssatsch** tokassı
Haarspray	**Saç spreyi**	**ssatsch** sspräji
Haarwasser	**Saç losyonu**	**ssatsch** lossjonu
Kamm	**Tarak**	tarak
Lockenwickler	**Bigudi**	bigudi
Perücke	**Peruk**	päruk
Pflegespülung	**Saç kremi**	ssatsch krämi
Shampoo	**Şampuan**	schampuan
für fettiges/ normales/ trockenes Haar	**yağlı/normal/ kuru saç için**	jaalı/normal/ kuru ssatsch itschin
gegen Schuppen	**kepek için**	k^{i}äpäk itschin
Tönungsmittel	**Nüans verici boya**	nü**anss** wäridschi boja

Für den Säugling *Bebek için*

Babycreme	**Bebek kremi**	bäbäk krämi
Saugflasche	**Biberon**	bibäron
Säuglingsnahrung	**Bebek maması**	bä**bäk** mamassı
Schnuller	**Emzik**	ämsik
Windeln	**Kundak**	kundak

Bekleidung *Giyim*

Bevor Sie ein bestimmtes Kleidungsstück kaufen, sollten Sie sich etwas vorbereiten: Sehen Sie sich die Liste auf Seite 112/113 an und überlegen Sie sich die gewünschte Größe, Farbe und Stoff. Die nötigen Angaben finden Sie auf den folgenden Seiten.

Allgemeines *Genel*

Wo ist ein gutes … Bekleidungs-geschäft?	**İyi bir … elbise mağazası nerededir?**	iji bir … älbissä maaasassı närädädir
Damen-	**kadın**	kadın
Herren-	**erkek**	ärk^{i}äk
Kinder-	**çocuk**	tschodschuk
Ich möchte einen Pullover …	**… bir kazak istiyorum.**	… bir kasak isstijorum
für mich	**Kendim için**	k^{i}ändim itschin
für eine Frau/einen Mann/ein Kind	**Kadın/Erkek/ Çocuk için**	kadın/ärk^{i}äk/ tschodschuk itschin
für einen Jungen/ ein Mädchen (von 10 Jahren)	**Erkek çocuk/ Kız çocuk (10 yaşında) için**	ärk^{i}äk tschodschuk/ kıs tschodschuk (10 jaschında) itschin
Der im Schaufenster gefällt mir.	**Vitrindekini beğendim.**	witrindäk^{i}ini beeändim
Ich möchte etwas in dieser Art.	**Bu çeşit birşey istiyorum.**	bu tschäschit birschäj isstijorum

Größe *Beden*

Ich habe Größe 38.	**38 beden giyiyorum.**	38 bädän g^{i}ijijorum
Ich kenne die türkischen Größen nicht.	**Türkiye'deki bedenleri bilmiyorum.**	türk^{i}ijädäk^{i}i bädänläri bilmijorum
Können Sie mir Maß nehmen?	**Ölçülerimi alır mısınız?**	öltschülärimi alır missınıs

groß	**büyük**	büjük
mittel	**orta**	orta
klein	**küçük**	k^{i}ütschük
größer/kleiner	**daha büyük/ daha küçük**	daha büjük/ daha k^{i}ütschük

KLEIDUNGSSTÜCKE UND ZUBEHÖR, Seite 112

Farbe *Renk*

Ich möchte etwas in Rot.	**Kırmızı birşey istiyorum.**	kırmısı birschäj isstijorum
Ich möchte ...	**... istiyorum.**	... isstijorum
einen helleren/ dunkleren Ton	**Daha açık/Daha koyu tonda birşey**	daha atschık/daha koju tonda birschäj
etwas Buntes	**Renkli birşey**	ränkli birschäj
Ich möchte eine andere Farbe/dieselbe Farbe wie ...	**Başka bir renk/ ... ile aynı renk birşey istiyorum.**	baschka bir ränk/ ... ilä ajnı ränk birschäj isstijorum
Die Farbe gefällt mir nicht.	**Rengini beğenmedim.**	räng[i]ini beeänmädim

beige	**bejrengi**	bäʒräng[i]i
blau	**mavi**	mawi
braun	**kahverengi**	kahwäräng[i]i
gelb	**sarı**	ssarı
goldfarben	**dore**	dorä
grau	**gri**	gri
grün	**yeşil**	jäschil
lila	**eflâtun**	äflaatun
orange	**turuncu**	turundschu
rosa	**pembe**	pämbä
rot	**kırmızı**	kırmısı
schwarz	**siyah**	ssijah
silbern	**gümüş rengi**	g[i]ümüsch räng[i]i
türkisfarben	**turkuvaz**	turkuwas
violett	**menekşerengi**	mänäkschäräng[i]i
weiß	**beyaz**	bäjas
hell-	**açık**	atschık
dunkel-	**koyu**	koju

düz (düs) | **çizgili** (tschisg[i]ili) | **noktalı** (noktalı) | **kareli** (karäli) | **desenli** (dässänli)

Material/Stoffe *Malzeme/Kumaş*

Ich möchte etwas aus ...	**... li/lü birşey istiyorum.**	... li/lü birschäj isstijorum

Ich möchte etwas Dünneres/Dickeres.	**Daha ince/kalın birşey istiyorum.**	daha indschä/kalın birschäj isstijorum
Woraus ist es?	**Bu neden yapılmıştır?**	bu nädän japılmıschtır
Haben Sie eine bessere Qualität?	**Daha kaliteli birşeyiniz var mı?**	daha kalitäli birschäjinis war mı

Batist	**patiska**	patisska
Baumwolle	**pamuklu**	pamuklu
Chiffon	**şifon**	schifon
Filz	**keçe**	k'ätschä
Flanell	**flânel**	flaanäl
Frottee	**havlu kumaş**	hawlu kumasch
Gabardine	**gabardin**	gabardin
Gummi	**lastik**	lasstik
Jeansstoff	**blucin kumaşı**	bludschin kumaschı
Kamelhaar	**devetüyü**	däwätüjü
Kammgarn	**kamgarn**	kamgarn
Kord	**filtilli kadife**	fitilli kadifä
Krepp	**krep**	kräp
Leder	**deri**	däri
Leinen	**keten**	k'ätän
Manchester	**ince fitilli kadife**	indschä fitillä kadifä
Popeline	**poplin**	poplin
Samt	**kadife**	kadifä
Satin	**saten**	ssatän
Seide	**ipek**	ipäk
Spitze	**dantel**	dantäl
Wildleder	**süet**	ssüät
Wolle	**yün**	jün

Ist es ...?	**... mudur/müdür/ midir/mıdır?**	... mudur/müdür/ midir/mıdır
reine Baumwolle	**Saf pamuklu**	ssaf pamuklu
reine Wolle	**Saf yünlü**	ssaf jünlü
synthetisch	**Sentetik**	ssäntätik
Ist es ein inländisches/ausländisches Fabrikat?	**Yerli/İhraç malı mıdır?**	järli/ichratsch malı mıdır
Wo wurde es hergestellt?	**Nerede yapılmış?**	närädä japılmısch
Ist es Handarbeit/ handgewoben?	**Elişi midir/El örgüsü müdür?**	älischi midir/äl örg'üssü müdür

Kann man es ... waschen?	**... yıkanabilir mi?**	... jıkanabi**lir** mi
mit der Hand	**Elde**	**äldä**
in der Maschine	**Makineda**	**mak**^{i}inäda
Läuft es ein?	**Çeker mi?**	tschä**k**^{i}**är** mi
Ist es ...?	**... mı?**	... mı
farbecht	**Solmaz**	ssol**mas**
knitterfrei	**Buruşmaz**	burusch**mas**
pflegeleicht	**Temizlenmesi kolay**	tämislänmässi ko**laj**

Und da wir beim Stoff sind:

Ich möchte 2 Meter von diesem Stoff.	**Bu kumaştan 2 metre istiyorum.**	**bu** kumaschtan **2** mäträ issti**jo**rum
Was kostet der Meter?	**Metresi kaça?**	**mä**trässi **ka**tscha
Ich möchte einen schwereren/leichteren Stoff.	**Daha ağır/Daha hafif bir kumaş istiyorum.**	daha aaır/daha ha**fif** bir kumasch issti**jo**rum

1 Zentimeter (cm)	**1 santimetre**	1 ssantimäträ
1 Meter (m)	**1 metre**	1 mäträ
3,50 Meter	**3,5 metre**	3,5 mäträ

Paßt es? *Uydu mu?*

Kann ich es anprobieren?	**Bunları deneyebilir miyim?**	**bun**ları dänäjäbi**lir** mijim
Wo ist die Umkleidekabine?	**Giyinme kabini nerededir?**	g^{i}ijin**mä** kabini **nä**rädädir
Gibt es einen Spiegel?	**Ayna var mı?**	ajna **war** mı
Es paßt sehr gut.	**Çok iyi uydu.**	**tschok** iji ujdu
Es paßt nicht.	**Uymadı.**	ujmadı
Es ist zu ...	**Çok ...**	**tschok**
kurz/lang	**kısa/uzun**	kıssa/usun
eng/weit	**dar/bol**	dar/bol
Können Sie es ändern?	**Düzeltebilir misiniz?**	düsältäbi**lir** **missinis**
Wie lange brauchen Sie für die Änderung?	**Düzeltmesi ne kadar zaman sürer?**	düsältmässi **nä** kadar saman ssürär

ZAHLEN, Seite 148

Ich möchte es so schnell wie möglich.	**Mümkün olduğu kadar çabuk istiyorum.**	mümk^{i}ün ol**duuu** kadar **tscha**buk issti**jo**rum
Kann ich das umtauschen?	**Bunu değiştire-bilir miyim?**	**bu**nu deeischtirä-bi**lir** mijim

Kleidungsstücke *Giyim eşyası*

Ich möchte ...	**... istiyorum.**	... issti**jo**rum
Abendkleid	**Gece elbisesi**	g^{i}**ädschä** älbissässi
Anorak	**Anorak**	anorak
Anzug	**Erkek elbisesi**	**ärk^{i}äk** älbissässi
Badeanzug	**Mayo**	majo
Badehose	**Erkek mayosu**	**ärk^{i}äk** majossu
Badekappe/-mütze	**Bone**	bonä
Bademantel	**Bornoz**	bornos
Bikini	**Bikini**	bi**k^{i}**ini
Bluse	**Bluz**	blus
Büstenhalter	**Sutyen**	ssutjän
Fliege	**Papiyon**	papijon
Halstuch	**Atkı**	atkı
Handschuhe	**Eldiven**	äldiwän
Hemd	**Gömlek**	g^{i}ömläk
Hose	**Pantolon**	pantolon
Hosenträger	**Pantolon askısı**	panto**lon** asskıssı
Hüfthalter	**Korse**	korssä
Hut	**Şapka**	schapka
Jacke	**Ceket**	dschäk^{i}ät
Jeans	**Blucin**	bludschin
Kinderkleider	**Çocuk elbisesi**	tscho**dschuk** älbissässi
Kleid	**Elbise**	älbissä
ärmellos	**kolsuz**	kol**ssus**
mit langen/kurzen Ärmeln	**uzun/kısa kollu**	**usun**/kı**ssa** kol**lu**
Kniestrümpfe	**Uzun çorap**	usun tschorap
Kostüm (Damen)	**Tayyör**	tajjör
Krawatte	**Kravat**	kra**wat**
Mantel (Damen)	**Manto**	**man**to
Mantel (Herren)	**Palto**	**pal**to
Morgenrock	**Sabahlık**	ssabachlık
Mütze	**Kasket**	kassk^{i}ät
Nachthemd	**Gecelik**	g^{i}ädschälik
Overall	**Tulum**	tulum
Paar ...	**Bir çift ...**	**bir** tschift
Pelzmantel	**Kürk manto**	**k^{i}ürk** manto

(dicken) Pullover	**(Kalın) Kazak**	(kal**ın**) kasak
(leichten) Pullover	**(İnce) Kazak**	(**ind**schä) kasak
mit Rollkragen	**dik yakalı**	**dik** jakalı
mit rundem Ausschnitt	**yuvarlak yakalı**	juwar**lak** jakalı
mit V-Ausschnitt	**V-yakalı**	**w**-jakalı
Regenmantel	**Yağmurluk**	jaamurluk
Rock	**Etek**	ätäk
Schlafanzug	**Pijama**	piʒama
Schlüpfer	**Külot**	k^{i}ülot
Schürze	**Önlük**	önlük
Shorts	**Şort**	schort
Slip	**Slip**	slip
Socken	**Erkek çorabı**	är**k^{i}äk** tschorabı
Sportjacke	**Spor ceket**	**spor** dschäk^{i}ät
Strickjacke	**Hırka**	hırka
Strümpfe	**Çorap**	tschorap
Strumpfhose	**Külotlu çorap**	k^{i}ülot**lu** tschorap
T-shirt	**Tişört**	**ti**schört
Trainingsanzug	**Eşofman**	äschofman
Unterhemd	**Fanilâ**	fanilaa
Unterhose	**Don**	don
Unterrock	**İç eteklik**	**itsch** ätäklik
Unterwäsche	**İç çamaşırı**	**itsch** tschamaschırı
Weste	**yelek**	jäläk

Zubehör *Aksesuar*

Handtasche	**El çantası**	**äl** tschantassı
Gürtel	**Kemer**	k^{i}ämär
Regenschirm	**Şemsiye**	schämssijä
Schmuck	**Mücevherat**	müdschäwhärat
Taschentuch	**Mendil**	mändil

Druckknopf	**çıtçıt**	tschıttschıt
Gummiband	**lastik şerit**	**lasstik** schärit
Knopf	**düğme**	düümä
Kragen	**yaka**	jaka
Reißverschluß	**fermuar**	färmuar
Schnalle	**toka**	toka
Tasche	**cep**	dschäp

Schuhe *Ayakkabı*

Ich möchte ein Paar ...	**Bir çift ... istiyorum.**	bir tschift ... isstijorum
Bergschuhe	**dağ ayakkabısı**	daa ajakkabıssı
Hausschuhe	**terlik**	tärlik
Sandalen	**sandalet**	ssandalät
Schuhe	**ayakkabı**	ajakkabı
flache	**düz**	düs
mit (hohen) Absätzen	**(yüksek) ökçeli**	(jükssäk) öktschäli
mit Ledersohlen	**kösele tabanlı**	k^{i}össälä tabanlı
mit Gummisohlen	**kauçuk tabanlı**	kautschuk tabanlı
Stiefel	**çizme**	tschismä
Gummi-	**lastik**	lasstik
Leder-	**deri**	däri
Tennisschuhe	**tenis ayakkabısı**	täniss ajakkabıssı
Turnschuhe	**jimnastik ayakkabısı**	ʒimnasstik ajakkabıssı
Wanderschuhe	**yürüyüş ayakkabısı**	jürüjüsch ajakkabıssı
Sie sind zu ...	**Çok ...**	tschok
eng/weit	**dar/bol**	dar/bol
groß/klein	**büyük/küçük**	büjük/k^{i}ütschük
Haben Sie eine Nummer größer/kleiner?	**Daha büyük/Daha küçük numarası yok mu?**	daha büjük/daha k^{i}ütschük numarassı jok mu
Haben Sie die gleichen in schwarz?	**Aynısının siyahı var mı?**	ajnıssının ssijachı war mı
Gummi/Leder	**kauçuk/deri**	kautschuk/däri
Stoff/Wildleder	**kumaş/süet**	kumasch/ssüät
Ist es echtes Leder?	**Bu gerçek deri midir?**	bu g^{i}ärtschäk däri midir
Ich brauche Schuhcreme/Schnürsenkel.	**Ayakkabı boyasına/bağına ihtiyacım var.**	ajakkabı bojassına/baaına ihtijadschım war

Schuhreparatur *Ayakkabı tamiri*

Können Sie diese Schuhe reparieren?	**Bu ayakkabıları tamir edebilir misiniz?**	bu ajakkabıları tamir ädäbilir missinis
Können Sie das nähen?	**Bunu dikebilir misiniz?**	bunu dik^{i}äbilir missinis
Ich möchte neue Sohlen und Absätze.	**Yeni taban ve ökçe istiyorum.**	jäni taban wä öktschä isstijorum
Wann sind sie fertig?	**Ne zaman hazır olur?**	nä saman hasır olur

FARBEN, Seite 109

Buchhandlung – Schreibwaren *Kitabevi – Kırtasiye*

Wo ist der/die nächste ...?	**En yakın ... nerededir?**	än jakın ... närädädir
Buchhandlung	**kitabevi**	k[i]itabäwi
Schreibwarenhandlung	**kırtasiye dükkânı**	kırtassijä dükkaanı
Zeitungsstand	**gazete bayii**	gasätä bajii
Wo kann ich eine deutsche Zeitung kaufen?	**Nereden bir Alman gazetesi satın alabilirim?**	närädän bir alman gäsätässi ssatın alabilirim
Wo stehen die Reiseführer?	**Rehber kitapları nerededir?**	rähbär k[i]itapları närädädir
Haben Sie deutsche Bücher?	**Almanca kitaplarınız var mı?**	almandscha k[i]itaplarınıs war mı
Haben Sie antiquarische Bücher?	**Elden düşme kitaplarınız var mı?**	äldän düschmä k[i]itaplarınıs war mı
Gibt es eine deutsche Übersetzung von ...?	**... ın/un Almanca çevirisi var mı?**	... ın/un almandscha tschäwirissi war mı
Haben Sie einen Katalog/ein Verzeichnis?	**Bir kataloğunuz/listeniz var mı?**	bir kataloounus/lisstänis war mı
Ich möchte ...	**... istiyorum.**	... isstijorum
Adressenbüchlein	**Bir adres defteri**	bir adräss däftäri
Agenda	**Bir ajanda**	bir aʒanda
Ansichtskarten	**Birkaç resimli kartpostal**	birkatsch rässimli kartposstal
Bilderbuch	**Bir resimli kitap**	bir rässimli k[i]itap
Bindfaden	**Sicim**	ssidschim
Bleistift	**Bir kurşun kalem**	bir kurschun kaläm
Bleistiftspitzer	**Bir kalemtıraş**	bir kalämtırasch
Briefpapier	**Mektup kâğıdı**	mäktup kaaıdı
Briefumschläge	**Birkaç mektup zarfı**	birkatsch mäktup sarfı
Buch	**Bir kitap**	bir k[i]itap
Buntstifte	**Renkli kalem**	ränkli kaläm
Büroklammern	**Ataş**	atasch
Drehbleistift	**Mekanik kurşun kalem**	mäkanik kurschun kaläm
Durchschlagpapier	**Kopya kâğıdı**	kopja kaaıdı
Einwickelpapier	**Paket kâğıdı**	pak[i]ät kaaıdı
Ersatzmine/-patrone	**Yedek kalem içi/ Yedek dolmakalem içi**	jädäk kaläm itschi/ jädäk dolmakaläm itschi

(selbstklebende) Etikette	**(Yapışkan) Etiket**	(japisch**kan**) ätik'ät
Farbband	**Bir daktilo şeridi**	bir **dak**tilo schäridi
Farbstifte	**Boya kalemi**	boj**a** kalämi
Filzstifte	**Keçe kalem**	k'**ätschä** kaläm
Füllfederhalter	**Bir dolmakalem**	bir dol**ma**kaläm
Geschenkpapier	**Hediye ambalajı için kağıt**	hädijä ambalaʒı itschin kaaıt
Grammatik	**Bir gramer kitabı**	bir gra**mär** k'itabı
Heftklammern	**Tel raptiye**	täl **rap**tijä
Kalender	**Bir takvim**	bir takwim
Kinderbuch	**Bir çocuk kitabı**	bir tscho**dschuk** k'itabı
Klebstoff	**Zamk**	samk
Klebestreifen	**Seloteyp**	ssälotääp
Kohlepapier	**Karbon kâğıdı**	kar**bon** kaaıdı
Kriminalroman	**Bir detektif romanı**	bir dätäk**tif** romanı
Kugelschreiber	**Bir tükenmez kalem**	bir tük'än**mäs** kaläm
Landkarte	**Bir harita**	bir harita
Lineal	**Bir cetvel**	bir dschätwäl
Locher	**Bir zımba**	bir sımba
Löschpapier	**Bir kurutma kâğıdı**	bir kurutma kaaıdı
Malkasten	**Bir boya kutusu**	bir boj**a** kutussu
Notizblock	**Bir bloknot**	bir blok**not**
Notizbuch	**Bir not defteri**	bir **not** däftäri
Papier	**Kâğıt**	kaaıt
Postkarten	**Birkaç kartpostal**	**bir**katsch kart**poss**tal
Radiergummi	**Bir silgi**	bir ssilg'i
Reiseführer	**Bir rehber kitabı**	bir rähbär k'itabı
Reißnägel/-zwecken	**Raptiye**	raptijä
Ringbuch	**Klasör**	klassör
Schreibblock	**Bloknot**	blok**not**
Schreibheft	**Bir defter**	bir däftär
Schreibmaschinen-papier	**Daktilo kâğıdı**	**dak**tilo kaaıdı
Spielkarten	**Oyun kâğıdı**	o**jun** kaaıdı
Stadtplan	**Bir şehir planı**	bir schä**hir** planı
Straßenkarte	**Bir karayolları haritası**	bir ka**ra**jolları haritassı
Taschenbuch	**Bir cep kitabı**	bir **dschäp** k'itabı
Terminkalender	**Bir ajanda**	bir aʒanda
Tinte	**Mürekkep**	müräkk'äp
Wörterbuch	**Bir sözlük**	bir ssöslük
türkisch-deutsch	**Türkçe-Almanca**	**türk**tschä-al**man**dscha
Taschen-	**Cep sözlüğü**	**dschäp** ssöslüüü
Zeichenpapier/-block	**Resim kâğıdı/Resim kâğıdı bloknotu**	rä**ssim** kaaıdı/rä**ssim** kaaıdı bloknotu
Zeitschrift	**Bir dergi**	bir därg'i

Campingausrüstung *Kamp malzemesi*

Kann ich eine Campingausrüstung mieten?	**Kamp malzemesi kiralayabilir miyim?**	**kamp** malsämässi k^{i}iralajabi**lir** mijim
Ich möchte ...	**... istiyorum.**	... issti**jo**rum
Aluminiumfolie	**Alüminyum kâğıdı**	alümin**jum** kaaıdı
Angelgerät	**Olta**	olta
Bratpfanne	**Tava**	tawa
Brennspiritus	**İspirto**	isspirto
Büchsenöffner	**Konserve açacağı**	kon**ssär**wä atschadschaaı
Butangas	**Bütangaz**	**bü**tangas
Campingbett	**Kamp yatağı**	**kamp** jataaı
Dosenöffner	**Konserve açacağı**	kon**ssär**wä atschadschaaı
Eimer	**Kova**	kowa
Eßbesteck	**Çatal-bıçak takımı**	tschatal-bı**tschak** takımı
Feldflasche	**Matara**	matara
Flaschenöffner	**Şişe açacağı**	schi**schä** atschadschaaı
Gaskocher	**Havagazı ocağı**	hawagası odschaaı
Geschirr	**Tabak-çanak**	tabak-tschanak
Grill	**Izgara**	ısgara
Hammer	**Çekiç**	tschäk^{i}itsch
Hängematte	**Hamak**	hamak
Heringe	**Çadır kazığı**	tscha**dır** kasııı
Holzkohle	**Odun kömürü**	o**dun** k^{i}ömürü
Insektizid	**Haşarat ilacı**	hascharat iladschı
Kerzen	**Mum**	mum
Klappstuhl	**Portatif iskemle**	porta**tif** issk^{i}ämlä
Klapptisch	**Portatif masa**	porta**tif** massa
Kochtopf	**Tencere**	tändschärä
Kompaß	**Pusula**	pussula
Korkenzieher	**Tirbuşon**	tirbuschon
Kühlbeutel	**Soğutma torbası**	ssoout**ma** torbassı
Kühltasche	**Soğutma çantası**	ssoout**ma** tschantassı
Lampe	**Lamba**	lamba
Laterne	**Fener**	fänär
Liegestuhl	**Şezlong**	schäslong
Luftmatratze	**Hava yatağı**	ha**wa** jataaı
Luftpumpe	**Hava pompası**	ha**wa** pompassı
Moskitonetz	**Cibinlik**	dschibinlik
Nägel	**Çivi**	tschiwi
Papierservietten	**Kâğıt peçete**	kaaıt pätschätä
Petroleum	**Gazyağı**	**gas**jaaı
Picknickkorb	**Piknik sepeti**	pik**nik** ssäpäti
Plastikbeutel	**Plastik torba**	plass**tik** torba
Proviantbehälter	**Yiyecek kutusu**	jijä**dschäk** kutussu

CAMPING, Seite 32

Rucksack	**Sırt çantası**	**ssırt** tschantassı
Schere	**Makas**	makass
Schlafsack	**Uyku tulumu**	uj**ku** tulumu
Schnur	**Sicim**	ssidschim
Schraubenzieher	**Tornavida**	tornawida
Seil	**Halat**	halat
Spülmittel	**Bulaşık deterjanı**	bula**schık** dätärʒanı
Streichhölzer	**Kibrit**	k^{i}ibrit
Stuhl	**İskemle**	issk^{i}ämlä
Taschenlampe	**Cep feneri**	**dschäp** fänäri
Taschenmesser	**Çakı**	tschakı
Thermosflasche	**Termos**	tärmoss
Tisch	**Masa**	massa
Verbandkasten	**İlkyardım kutusu**	ilkjar**dım** kutussu
Vorhängeschloß	**Asma kilit**	**assma** k^{i}ilit
Wäscheklammern	**Çamaşır mandalı**	tschama**schır** mandalı
Waschpulver	**Çamaşır tozu**	tschama**schır** tosu
Wasserkanister	**Su bidonu**	**ssu** bidonu
Werkzeugkasten	**Takım kutusu**	ta**kım** kutussu
Zange	**Kerpeten**	k^{i}ärpätän
Zelt	**Çadır**	tschadır
Zeltboden	**Çadır zemini**	tscha**dır** sämini
Zeltpflöcke	**Çadır kazıkları**	tscha**dır** kasıkları
Zeltstange	**Çadır direği**	tscha**dır** direei

Geschirr *Tabak-çanak*

Becher	**bardak**	bardak
Tassen	**fincan**	findschan
Teller	**tabak**	tabak
Untertassen	**fincan tabağı**	fin**dschan** tabaaı

Besteck *Çatal-bıçak takımı*

Gabeln	**çatal**	tschatal
Löffel	**kaşık**	kaschık
Messer	**bıçak**	bıtschak
Teelöffel	**çay kaşığı**	**tschaj** kaschıı
aus Plastik	**plastikten**	plasstiktän
aus rostfreiem Stahl	**paslanmaz çelik**	passlanmas tschälik

Elektrogeschäft *Elektrikçi dükkânı*

Die Stromspannung in der Türkei beträgt 110 und 220 Volt Wechselstrom.

Haben Sie eine Batterie hierfür?	**Bunun için bir piliniz var mı?**	bunun itschin bir pilinis war mı
Das ist kaputt.	**Bu bozuk.**	bu bosuk
Können Sie es reparieren?	**Tamir edebilir misiniz?**	tamir ädäbilir missinis
Können Sie mir zeigen, wie es funktioniert?	**Bunun nasıl çalıştığını bana gösterebilir misiniz?**	bunun nassıl tschalıschtıı bana g'össtäräbilir missinis
Ich möchte eine Videokassette (mieten).	**Bir video kaset (kiralamak) istiyorum.**	bir widäo kassät (k'iralamak) isstijorum
Ich möchte ...	**... istiyorum.**	... isstijorum
(Reise-)Bügeleisen	**(Yolculuk için küçük) Ütü**	(joldschuluk itschin k'ütschük) ütü
elektrische Zahnbürste	**Elektrikli diş fırçası**	äläktrikli disch fırtschassı
(Farb-)Fernseher	**(Renkli) Televizyon**	(ränkli) täläwisjon
Glühbirne	**Ampul**	ampul
Haartrockner	**Saç kurutma makinesı**	ssatsch kurutma mak'inässı
Kassettenrecorder	**Kasetli teyp**	kassätli tääp
Kopfhörer	**Kulaklık**	kulaklık
Lampe	**Lamba**	lamba
Lautsprecher	**Hoparlör**	hoparlör
Plattenspieler	**Pikap**	pikap
Radio	**Radyo**	radjo
Autoradio	**Otomobil radyosu**	otomobil radjossu
Transistorradio	**Transistörlü radyo**	transsisstörlü radjo
Radiowecker	**Uyandıran radyo**	ujandıran radjo
Rasierapparat	**Tıraş makinesi**	tırasch mak'inässi
Stecker	**Fiş**	fisch
Taschenrechner	**Cep hesap makinesi**	dschäp hässap mak'inässi
Tauchsieder	**Su kaynatma spiralı**	ssu kajnatma sspiralı
Tonbandgerät	**Teyp**	tääp
Verlängerungsschnur	**Uzatma kordonu**	usatma kordonu
Verstärker	**Amplifikatör**	amplifikatör
Videorecorder	**Video**	widäo
Wecker	**Çalar saat**	tschalar ssaat
Zwischenstecker	**Adaptör**	adaptör

SCHALLPLATTEN – KASSETTEN, Seite 127

Fotogeschäft *Fotoğrafçı dükkânı*

Ich möchte einen ... Fotoapparat.	**... bir fotoğraf makinesi istiyorum.**	... bir fotoo**raf** mak^{i}inässi issti**jo**rum
automatischen einfachen preiswerten	**Otomatik** **Basit** **Ucuz**	otomatik bassit udschus
Zeigen Sie mir bitte Film-/Videokameras.	**Lütfen bana film/ video kameralarını gösterin.**	**lüt**fän bana **film**/ wi**dä**o kamäralarını g^{i}össtärin
Haben Sie einen Prospekt?	**Bir kataloğunuz var mı?**	bir kataloounus **war** mı
Ich möchte Paßbilder machen lassen.	**Vesikalık fotoğraf çektirmek istiyorum.**	wässika**lık** fotooraf tschäktir**mäk** issti**jo**rum
Ich möchte ein Fotoalbum.	**Bir fotoğraf albümü istiyorum.**	bir fotoo**raf** albümü issti**jo**rum

Filme *Filmler*

Ich möchte einen Film für diese Kamera.	**Bu fotoğraf makinesi için film istiyorum.**	bu fotoo**raf** mak^{i}inässı itschin **film** issti**jo**rum
Farbfilm Farbdiafilm Farbnegativfilm Schwarzweißfilm	**renkli film** **renkli slayd filmi** **renkli fotoğraf filmi** **siyah-beyaz film**	ränk**li** film ränk**li** sslajd filmi ränk**li** fotooraf filmi ssijah-bäjas film
Disc Film Kassette Rollfilm	**disk film** **kaset** **makara film**	**dissk** film kassät maka**ra** film
24/36 Aufnahmen	**24/36 pozluk**	24/36 posluk
dieses Format diese ASA/DIN-Zahl	**bu büyüklükte** **bu ASA/DİN**	**bu** büjüklüktä **bu** assa/din
hochempfindlich Feinkorn Kunstlichtfilm Tageslichtfilm	**yüksek hızlı film** **ince grenli** **sun'i ışık filmi** **gün ışığı filmi**	jük**ssäk** hıslı film in**dschä** gränli ssu**ni** ıschık filmi g^{i}ün ıschıı filmi

Entwickeln *Banyo etmek*

Was kostet das Entwickeln?	**Banyo için ne alıyorsunuz?**	**ban**jo itschin **nä** alı**jorss**unus
Wie lange dauert es?	**Ne kadar sürer?**	**nä** kadar ssürär

Ich möchte ... Abzüge von jedem Negativ.	**Her negatiften ... kopya basılmasını istiyorum.**	här nägatiftän ... kopja bassılmassını isst**ij**orum
Hochglanz/matt	**parlak/mat**	par**lak**/**mat**
Können Sie das bitte vergrößern?	**Bunu büyültebilir misiniz, lütfen?**	bunu büjültäbi**lir** **mi**ssinis **lüt**fän
Wann sind die Fotos fertig?	**Fotoğraflar ne zaman hazır olur?**	fotooraflar **nä** saman hasır olur

Zubehör *Aksesuar*

Ich möchte ...	**... istiyorum.**	... isst**ij**orum
Batterie	**Pil**	pil
(Elektronen-)Blitz	**Flaş**	flasch
Drahtauslöser	**Deklanşör**	däklanssör
Filter	**Filtre**	filträ
Farb-	**Renkli**	ränk**li**
Schwarzweiß-	**Siyah-beyaz**	ssijach-bäjas
UV-	**Ültraviyole**	ültrawijolä
Fototasche	**Fotoğraf çantası**	fotoo**raf** tschantassı
Objektiv	**Objektif**	obȝäktif
Teleobjektiv	**Teleobjektif**	täläobȝäktif
Weitwinkelobjektiv	**Geniş açılı objektif**	g^{i}**änisch** atschılı obȝäktif
Objektivkappe	**Objektif kapağı**	obȝäk**tif** kapaaı
Sonnenblende	**Güneş siperi**	g^{i}ü**näsch** ssipäri
Stativ	**Sehpa**	ssächpa

Reparatur *Tamir*

Können Sie diese Kamera reparieren?	**Bu fotoğraf makinesını tamir edebilir misiniz?**	bu foto**oraf** mak^{i}inä-ssını tamir ädäbi**lir** **mi**ssinis
Der Film klemmt.	**Film sıkıştı.**	film ssıkıschtı
Mit dem ... stimmt etwas nicht.	**... arızalı.**	... arısalı
Belichtungsmesser	**Pozometre**	posomäträ
Bildzählwerk	**Poz sayar**	**pos** ssajar
Blitzgerät	**Flaş**	flasch
Entfernungsmesser	**Telemetre**	tälämäträ
Filmtransport	**Film sarıcı**	**film** ssarıdschı
Verschluß	**Obtüratör**	obtüratör

ZAHLEN, Seite 148

Juwelier – Uhrmacher *Kuyumcu – Saatçi*

Könnte ich das bitte sehen?	**Şunu görebilir miyim, lütfen?**	schunu g'öräbilir mijim lütfän
Ich möchte etwas aus Silber/aus Gold.	**Gümüşten/Altından yapılmış birşey istiyorum.**	g'ümüschtän/altından japılmısch birschäj isstijorum
Ich möchte nichts zu Teueres.	**Çok pahalı birşey istemiyorum.**	tschok pahalı birschäj isstämijorum
Ist das ...?	**Bu ... müdür?**	bu ... müdür
Echtsilber	**gerçek gümüş**	g'ärtschäk g'ümüsch
Neusilber	**alman gümüşü**	alman g'ümüschü
Ist das Gold?	**Bu altın mıdır?**	bu altın mıdır
Wieviel Karat hat es?	**Bu kaç kırat?**	bu katsch kırat
Können Sie diese Uhr reparieren?	**Bu saati tamir edebilir misiniz?**	bu ssaati tamir ädäbilir missinis
Wann ist sie fertig?	**Ne zaman hazır olur?**	nä saman hasır olur
Sie geht vor/nach.	**İleri gidiyor/Geri kalıyor.**	iläri g'idijor/g'äri kalıjor
Ich möchte ...	**... istiyorum.**	... isstijorum
Amulett	**Muska**	musska
Anhänger	**Pandantif**	pandantif
Anstecknadel	**İğne**	ienä
Armband	**Bilezik**	biläsik
Armbanduhr	**Kol saati**	kol ssaati
automatische	**Otomatik**	otomatik
Digital-	**Dijital**	diʒital
Quarz-	**Kuarz**	kuars
mit Sekundenzeiger	**Saniye göstergeli**	ssanijä g'össtärg'äli
wasserdichte	**Su geçirmez**	ssu g'ätschirmäs
Armreif	**Bilezik**	biläsik
Besteck	**Çatal-bıçak takımı**	tschatal-bıtschak takımı
Brosche	**Broş**	brosch
Edelstein	**Değerli taş**	deeärli tasch
Feuerzeug	**Çakmak**	tschakmak
Halskette	**Kolye**	koljä
Kette/Kettchen	**Zincir**	sindschir
Krawattenklipp	**Kravat iğnesi**	krawat ienässi
Krawattennadel	**Kravat iğnesi**	krawat ienässi
Kreuz	**Haç**	hatsch
Manschettenknöpfe	**Kol düğmesi**	kol düümässi

Ohrklipps	**Klips küpe**	klipss k^{i}üpä
Ohrringe	**Küpe**	k^{i}üpä
Ring	**Yüzük**	jüsük
Ehering	**Alyans**	aljanss
Siegelring	**Mühürlü yüzük**	mühürlü jüsük
Verlobungsring	**Nişan yüzüğü**	nischan jüsüüü
Rosenkranz	**Tespih**	tässpih
Tafelsilber	**Gümüş çatal-bıçak-kaşık**	g^{i}ümüsch tschatal-bıtschak-kaschık
Uhr	**Saat**	ssaat
Taschenuhr	**Cep saati**	dschäp ssaati
Stoppuhr	**Süreölçer**	ssüräöltschär
Wanduhr	**Duvar saati**	duwar ssaati
Uhrarmband	**Kol saati kayışı**	kol ssaati kajıschı
Wecker	**Çalar saat**	tschalar ssaat
Zigarettenetui	**Sigara tabakası**	ssigara tabakassı

Amethyst	**ametist**	amätisst
Bernstein	**kehribar**	k^{i}ähribar
Chrom	**krom**	krom
Diamant	**elmas**	älmass
Elfenbein	**fildişi**	fildischi
Email	**mineli**	minäli
geschliffenes Glas	**kesme cam**	k^{i}ässmä dscham
Gold	**altın**	altın
vergoldet	**altın kaplama**	altın kaplama
Jade	**yeşim**	jäschim
Koralle	**mercan**	märdschan
Kristall	**kristal**	krisstal
Kupfer	**bakır**	bakır
Onyx	**oniks**	onikss
Perle	**inci**	indschi
Perlmutter	**sedef**	ssädäf
Platin	**platin**	platin
rostfreier Stahl	**paslanmaz çelik**	passlanmas tschälik
Rubin	**yâkut**	jaakut
Saphir	**safir**	ssafir
Silber	**gümüş**	g^{i}ümüsch
versilbert	**gümüş kaplama**	g^{i}ümüsch kaplama
Smaragd	**zümrüt**	sümrüt
Topas	**topaz**	topas
Türkis	**firuze**	firusä
Zinn	**kalay**	kalaj

Lebensmittelgeschäft *Bakkaliye*

In der Türkei gibt es fast keine Supermärkte, dafür viele kleinere Geschäfte.

Kann ich mich selbst bedienen?	**Kendim alabilir miyim?**	k'ändim alabilir mijim
Welche Käsesorten haben Sie?	**Ne çeşit peynir var?**	nä tschäschit päänir war
Ein Stück von ...	**... bir parça**	... bir partscha
dem dort	**oradakinden**	oradak'indän
dem auf dem Regal	**rafdakinden**	rafdak'indän
Haben Sie Brot?	**Ekmek var mı?**	äkmäk war mı
Ich möchte eins davon, bitte.	**Şundan bir tane istiyorum, lütfen.**	schundan bir tanä isstijorum lütfän
Ein Kilo Äpfel, bitte.	**Bir kilo elma, lütfen.**	bir k'ilo älma lütfän

100 Gramm	**Yüz gram**	jüs gram
1 Pfund/halbes Kilo	**Yarım kilo**	jarım k'ilo
1 Kilo(gramm)	**Bir kilo(gram)**	bir k'ilo(gram)
1 Liter	**Bir litre**	bir liträ
½ Liter	**Yarım litre**	jarım liträ

Ich möchte ein/eine(n) ...	**... istiyorum.**	... isstijorum
Dose Pfirsiche	**Bir kutu konserve şeftali**	bir kutu konssärwä schäftali
Flasche Wein	**Bir şişe şarap**	bir schischä scharap
Glas Marmelade	**Bir kavanoz marmelat**	bir kawanos marmälat
Korb Aprikosen	**Bir sepet kayısı**	bir ssäpät kajıssı
Paar Würstchen	**İki sosis**	ik'i ssossiss
Packung Tee/Teebeutel	**Bir paket çay/poşet çay**	bir pak'ät tschaj/poschät tschaj
Rolle Haushaltspapier	**Bir rulo mutfak kâğıdı**	bir rulo mutfak kaaıdı
Schachtel Würfelzucker	**Bir kutu kesme şeker**	bir kutu k'ässmä schäk'är
Scheibe Salami	**Bir dilim salam**	bir dilim ssalam
Stück Käse	**Bir parça peynir**	bir partscha päänir
Tafel Schokolade	**Bir tablet çikolata**	bir tablät tschikolata
Tube Senf	**Bir tüp hardal**	bir tüp hardal
Tüte Bonbons	**Bir külah akide şekeri**	bir k'ülah ak'idä schäk'äri

LEBENSMITTEL, Seite 64

Optiker *Gözlükçü*

Ich möchte ...	**... istiyorum.**	... isst**ij**orum
Brille	**Bir gözlük**	bir g^{i}ös**lük**
Brillenetui	**Bir gözlük kılıfı**	bir g^{i}ös**lük** kılıfı
Fernglas	**Bir dürbün**	bir dürbün
Kontaktlinsen	**Kontakt lens**	kon**takt** länss
Lupe	**Bir büyüteç**	bir büjütätsch
Reinigungstücher	**Temizleyici mendil**	tämisläji**dschi** mändil
Schneebrille	**Kar gözlüğü**	**kar** g^{i}öslüüü
Sonnenbrille	**Güneş gözlüğü**	g^i**ünäsch** g^{i}öslüüü
Meine Brille ist zerbrochen.	**Gözlüğüm kırıldı.**	g^{i}öslüüüm kırıl**dı**
Können Sie sie reparieren?	**Tamir edebilir misiniz?**	tamir ädäbi**lir** **mis**sinis
Wann ist sie fertig?	**Ne zaman hazır olur?**	**nä** saman hasır olur
Können Sie die Gläser auswechseln?	**Camları değiştirebilir misiniz?**	dschamları deeischtirä-bi**lir** **mis**sinis
Ich möchte getönte Gläser.	**Renkli cam istiyorum.**	rän**kli** dscham isst**ij**orum
Das Gestell ist zerbrochen.	**Çerçeve kırıldı.**	tschärtschäwä kırıldı
Ich möchte meine Augen kontrollieren lassen.	**Gözlerimi kontrol ettirmek istiyorum.**	g^{i}öslärimi **kon**trol ättir**mäk** isst**ij**orum
Ich bin kurzsichtig/ weitsichtig.	**Ben miyopum/hipermetropum.**	bän mijo**pum**/hipär-mätro**pum**
Ich habe eine Kontaktlinse verloren.	**Kontakt lenserimden birini kaybettim.**	kon**takt** länsslärimdän **bi**rini kajbät**tim**
Können Sie mir eine Ersatzlinse geben?	**Bir yedek lens verebilir misiniz?**	bir jä**däk** länss wäräbi**lir** **mis**sinis
Ich habe harte/ weiche Linsen.	**Sert/Yumuşak lenslerim var.**	**ssärt**/jumu**schak** länsslärim **war**
Haben Sie eine Flüssigkeit für Kontaktlinsen?	**Kontakt lens sıvısı var mı?**	kon**takt** länss ssıwıssı **war** mı
Kann ich mich im Spiegel sehen?	**Aynada kendime bakabilir miyim?**	ajnada k^{i}ändimä bakabi**lir** mijim

Tabakladen – Kiosk *Tekel bayii – Büfe*

Türkischer Tabak wird in viele Länder exportiert und besitzt überall einen ausgezeichneten Ruf. Inländische Zigaretten bekommen Sie auch bei Straßenverkäufern.

Eine Schachtel Zigaretten, bitte.	**Bir paket sigara, lütfen.**	bir pak^{i}ät ssigara lütfän
Haben Sie deutsche/türkische Zigarettenmarken?	**Alman/Türk sigarası var mı?**	alman/türk ssigarassı war mı
Ich möchte eine Stange.	**Bir karton istiyorum.**	bir karton isstijorum
Geben Sie mir bitte ...	**... verin, lütfen.**	... wärin lütfän
Bonbons	**Akide şekeri**	ak^{i}idä schäk^{i}äri
Briefmarken	**Posta pulu**	possta pulu
Feuerzeug	**Bir çakmak**	bir tschakmak
-benzin	**çakmak benzini**	tschakmak bänsini
-gas	**çakmak gazı**	tschakmak gası
Kaugummi	**Çiklet**	tschiklät
Pfeife	**Bir pipo**	bir pipo
Pfeifenbesteck	**Pipo takımı**	pipo takımı
Pfeifenreiniger	**Pipo temizleyicisi**	pipo tämisläjidschissi
Pfeifenstopfer	**Pipo çubuğu**	pipo tschubuuu
Pfeifentabak	**Pipo tütünü**	pipo tütünü
Postkarten	**Kartpostal**	kartposstal
Schnupftabak	**Enfiye**	änfijä
Schokolade	**Çikolata**	tschikolata
Streichhölzer	**Kibrit**	k^{i}ibrit
Tabak	**Tütün**	tütün
Zigaretten	**Sigara**	ssigara
mit Filter	**Filtreli**	filträli
ohne Filter	**Filtresiz**	filtrássis
heller/dunkler Tabak	**Açık/Koyu tütünlü**	atschık/koju tütünlü
Menthol-	**Menthollü**	mänthollü
extra lang	**Uzun**	usun
Zigarettenetui	**Bir sigara tabakası**	bir ssigara tabakassı
Zigarettenspitze	**Bir sigara ağızlığı**	bir ssigara aaıslıı
Zigarren	**Birkaç puro**	birkatsch puro

BÜFE
KIOSK

Verschiedenes *Çeşitli*

Andenken *Hatıra*

Basare, Märkte und Läden in der Türkei bieten alles, was das Herz begehrt, vor allem in Istanbul – nur vielleicht teurer. Die Liste reicht von Teppichen bis hin zu handgeschmiedeten Kupfer- und Messingwaren, Schmuck, Stickereien und Lederwaren. Kristall und Keramikteller reizen ebenfalls zum Kauf. Meerschaum, ein weißes, tonähnliches Mineral, wird zu Pfeifen und Nippes verarbeitet. Aufsehen erregen Sie mit einer *nargile* (Wasserpfeife). Weitere Andenken sind Kitschdolche und -schwerter, *Karagöz*-Marionetten aus Kamelhaut, blaue Perlen als Schutz gegen den bösen Blick oder moslemische Gebetsketten *(tespih)*.

Gebetskette	**tespih**	tässpih
Gebetsteppich	**namaz seccâdesi**	na**mas** ssädschdschaadässi
Kupferware	**bakır eşya**	bakır äschja
Kütahyateller	**Kütahya tabak**	k'**ütach**ja tabak
Lederbekleidung	**deri giyim eşyası**	däri g'**ijim** eschjassı
Lokum	**lokum**	lokum
Meerschaum-pfeife	**lületaşı pipo**	lü**lä**taschı pipo
Samowar	**semaver**	ssämawär
Stoßdegen	**şiş**	schisch
Telkâri Silberware	**Telkâri gümüş eşya**	tälkaari g'ümüsch äschja
Teppich	**halı**	halı
Tricktrack	**tavla**	**taw**la
Türkischer Honig	**helva**	hälwa
Wasserpfeife	**nargile**	narg'ilä

Schallplatten – Kassetten *Plak – Kaset*

Ich möchte ...	**... istiyorum.**	... issti**jo**rum
Compact Disc	**Bir kompakt disk**	bir **kom**pakt dissk
(unbespielte) Kassette	**Bir (boş) kaset**	bir (**bosch**) kassät
Schallplatte	**Bir plak**	bir **plak**
Videokassette	**Bir video-kaset**	bir wi**dä**o-kassät

Langspielplatte (33 Touren)	**uzun devirli plak (33 lük)**	usun däwirli plak (33 lük)
Single (45 Touren)	**kısa devirli plak (45 lik)**	kıssa däwirli plak (45 lik)

Haben Sie Lieder von ...?	**... ın şarkıları var mı?**	... ın scharkıları war mı
Kann ich diese Platte hören?	**Bu plâğı dinleyebilir miyim?**	bu plaaı dinläjäbilir mijim
Gesang	**şarkı**	scharkı
Instrumentalmusik	**enstrümantal müzik**	änsstrümantal müsik
Kammermusik	**oda müziği**	oda müsiei
Klassische Musik	**klasik müzik**	klassik müsik
Orchestermusik	**orkestra müziği**	ork'ässtra müsiei
Popmusik	**pop müzik**	pop müsik
Unterhaltungsmusik	**hafif müzik**	hafif müsik
Volksmusik	**halk müziği**	halk müsiei

Spielwaren *Oyuncaklar*

Ich möchte ein Spielzeug/Spiel ...	**... oyuncak/ oyun istiyorum.**	... ojundschak/ ojun isstijorum
für einen Jungen	**Bir erkek çocuk için**	bir ärk'äk tschodschuk itschin
für ein 5jähriges Mädchen	**5 yaşında bir kız çocuk için**	5 jaschında bir kıs tschodschuk itschin
Ball (Strand-)	**top (deniz topu)**	top (dänis topu)
Baukasten	**inşaat kutusu**	inschaat kutussu
Eimer und Schaufel	**kova ve kürek**	kowa wä k'uräk
elektronisches Spiel	**elektronik oyunu**	äläktronik ojunu
Gesellschaftsspiel	**parti oyun**	parti ojunu
Kartenspiel	**iskambil oyunu**	isskambil ojunu
Malbuch	**boya kitabı**	boja k'itabı
Puppe	**oyuncak bebek**	ojundschak bäbäk
Puzzle	**puzzle**	puslä
Rollschuhe	**tekerlekli paten**	täk'ärläkli patän
Schachspiel	**satranç takımı**	sssatrantsch takımı
Schnorchel	**şnorkel**	schnork'äl
Schwimmflossen	**palet**	palät
Spielzeugauto	**oyuncak otomobil**	ojundschak otomobil
Stofftier	**bezden oyuncak hayvan**	bäsdän ojundschak hajwan

Bank und Geldangelegenheiten

Die Banken *(banka)* sind Montag bis Freitag 8.30 oder 9.00 bis 17.00 oder 17.30 geöffnet - mit einer Mittagspause von 12.30 bis 13.00 oder 13.30 Uhr. Außerhalb dieser Zeiten können Sie Geld in den größeren Hotels umtauschen, aber wohl zu einem weniger günstigen Kurs.

Eurocheques *(Euroçek)* können Sie bei größeren Banken, wie der *Türkiye İş Bankası,* einlösen. International bekannte Kreditkarten *(Kredi kartı)* werden in Hotels und überall dort angenommen, wo man an Touristenverkehr gewöhnt ist. Banken und größere Hotels verwandeln Reiseschecks *(Seyahat çeki)* in bare Münzen, letztere oft nur gegen eine Gebühr. Für alle Geldgeschäfte benötigen Sie Ihren Reisepaß.

Währung *Para*

Währungseinheit ist die türkische *lira* (Abk. TL).

Münzen: TL 5, 10, 25, 50 und 100
Scheine: TL 1000, 5000, 10 000 und 20 000

Türkische oder ausländische Zahlungsmittel dürfen in unbegrenzter Höhe eingeführt, türkische *lira* jedoch nur bis zu einem Gegenwert von US-Dollar 1000 ausgeführt werden, Devisen bis zur deklarierten Höhe.

KAMBİYO
GELDWECHSEL

Wo ist die nächste Bank/Wechselstube?	**En yakın banka/ kambiyo bürosu neresedir?**	**än** jakın **banka**/ **kam**bijo bürossu **nä**rädädir
Wann öffnet/schließt die Bank?	**Banka ne zaman açılır/kapanır?**	**ban**ka **nä** saman atschı**lır**/kapa**nır**
Wo kann ich einen Reisescheck einlösen?	**Nerede seyahat çeki bozdurabilirim?**	närädä ssäjahat tschäk'i bosdurabili**rim**

In der Bank *Bankada*

Ich möchte ... wechseln.	**... bozdurmak istiyorum.**	... bos**dur**mak issti**jo**rum
D-Mark Schweizer Franken österreichische Schilling	**Alman markı İsviçre frangı Avusturya şilini**	al**man** markı iss**wi**tschrä frangı awuss**tur**ja schilini
Wie ist der Wechselkurs?	**Kambiyo kuru nedir?**	**kam**bijo kuru **nä**dir
Geben Sie mir bitte ... 5,000-Lira-Scheine.	**Lütfen bana ... 5,000-liralık banknot veriniz.**	**lüt**fän bana ... 5000-liralık banknot wärinis
Ich brauche etwas Kleingeld.	**Biraz bozuk paraya ihtiyacım var.**	**bi**ras bosuk paraja ihtijadschım **war**
Ich möchte einen Reisescheck/Euro-cheque einlösen.	**Bir seyahat çeki/ euroçek bozdurmak istiyorum.**	**bir** ssäjahat tschäk^{i}i/ äurotschäk bosdur**mak** issti**jo**rum
Welche Gebühr erheben Sie?	**Ne kadar komisyon alıyorsunuz?**	**nä** kadar komissjon alı**jors**sunus
Ich habe ...	**... var.**	... war
Empfehlungs-schreiben von ... Kontokarte Kreditbrief Kreditkarte	**... den tavsiye mektubum Hesap cüzdanı Kredi mektubum Kredi kartım**	... dän tawssijä mäktubum hässap dschüsdanı **krä**di mäktubum **krä**di kartım
Ich erwarte Geld aus ...	**... den/dan para bekliyorum.**	... dän/dan para bäkli**jo**rum
Ist es angekommen?	**Geldi mi acaba?**	g^{i}**äl**di mi adschaba
Wo muß ich unter-schreiben?	**Nereyi imzalama-lıyım?**	**nä**räji imsalama-lıyım

Einzahlen – Abheben *Para yatırmak – Para çekmek*

Ich möchte ...	**... istiyorum.**	... issti**jo**rum
ein Konto eröffnen ... Lira abheben	**Bir hesap açmak ... lira çekmek**	**bir** hässap atsch**mak** ... lira tschäk**mäk**
Ich möchte dies auf mein Konto einzahlen.	**Bunu kendi hesabıma yatırmak istiyorum.**	**bu**nu k^{i}ändi hässabıma yatır**mak** issti**jo**rum

ZAHLEN, Seite 148

Geschäftsausdrücke *İş deyimleri*

Mein Name ist ...	**Soyadım ... dır.**	ssojadım ... dır
Hier ist meine Karte.	**Kartımı vereyim.**	kartımı wäräjim
Ich bin mit ... verabredet.	**... ile randevum var.**	... ilä randäwum **war**
Können Sie mir einen Kostenvoranschlag machen?	**Bana bir masraf tahmini yapabilir misiniz?**	bana **bir** massraf tachmini japabi**lir** **mis**sinis
Wie hoch ist die Inflationsrate?	**Enflasyon oranı ne yüksekliktedir?**	änflassjon oranı **nä** jüksäkliktä**dir**
Können Sie mir ... besorgen?	**Bana ... sağlayabilir misiniz?**	bana ... saalajabi**lir** **mis**sinis
Dolmetscher(in)	**tercüman**	tärdschüman
Sekretärin	**sekreter**	**ssä**krätär
Übersetzer(in)/Übersetzung	**çevirmen/çeviri**	tschäwirmän/tschäwiri
Wo kann ich Fotokopien machen?	**Nerede fotokopi çekebilirim?**	**nä**rädä fotokopi tschäk^{i}äbili**rim**

Aktie	**hisse senedi**	**his**sä ssänädi
Betrag	**miktar**	**mik**tar
Bilanz	**bilanço**	bi**lan**tscho
Gewinn	**kâr**	**kaar**
Hypothek	**ipotek**	ipo**täk**
Kapital	**sermaye**	**ssär**majä
Kapitalanlage	**yatırım**	**ja**tırım
Kauf	**satın alma**	ssa**tın** alma
Kredit	**kredi**	**krä**di
Prozentsatz	**yüzde**	**jüs**dä
Rabatt	**indirim**	indi**rim**
Rechnung	**fatura**	**fa**tura
Scheck	**çek**	**tschäk**
Skonto	**ıskonto**	ıs**konto**
Überweisung	**havale**	hawa**lä**
Unkosten	**gider**	g^{i}i**där**
Verkauf	**satış**	ssa**tısch**
Verlust	**zarar**	sa**rar**
Vertrag	**sözleşme**	**ssösläsch**mä
Wert	**değer**	de**eär**
Zahlung	**ödeme**	**ö**dämä
Zins	**faiz**	**fa**is

Post und Telefon

Im Postamt *Postanede*

Postämter *(postane)* erkennen Sie an den schwarzen Buchstaben PTT auf gelbem Grund. Kleine Postämter öffnen montags bis samstags nur bis 17 oder 18 Uhr und schließen meist über Mittag. Die Hauptpostämter sind meist werktags von 8 bis 20 Uhr und sonntags von 9 bis 19 Uhr geöffnet. Briefmarken bekommen Sie auch in Andenkenläden. Die Briefkästen *(posta kutusu)* sind gelb. *Yurt dışı* steht für »Ausland«, *Yurt içi* »Inland« und *Şehir içi* für »lokal«.

Wo ist das Postamt?	**Postane neredediг?**	posstanä närädädir
Wann öffnet/schließt es?	**Postane saat kaçta açılır/ kapanır?**	posstanä ssaat katschta atschılır/ kapanır
An welchem Schalter gibt es Briefmarken?	**Hangi gişede posta pulu var?**	hang^{i}i g^{i}ischädä possta pulu war
Eine Briefmarke für diesen Brief/diese Postkarte, bitte.	**Bu mektup/kartpostal için bir posta pulu, lütfen.**	bu mäktup/kartposstal itschin bir possta pulu lütfän
Was kostet das Porto für einen Brief nach ...?	**... mektup kaça gider?**	... mäktup katscha g^{i}idär
Deutschland	**Almanya'ya**	almanjaja
Österreich	**Avusturya'ya**	awussturjaja
Schweiz	**İsviçre'ye**	isswitschräjä
Wo ist der Briefkasten?	**Posta kutusu nerede acaba?**	possta kutussu närädä adschaba
Ich möchte dies per ... senden.	**Bunu ... göndermek istiyorum.**	bunu ... g^{i}öndärmäk isstijorum
Eilboten (Expreß)	**ekspres**	äksspräss
Einschreiben	**taahhütlü**	taahhütlü
Luftpost	**uçakla**	utschakla

Ich möchte ein Paket ins Ausland schicken.	**Yurtdışına bir paket göndermek istiyorum.**	jurtdı**schı**na **bir** pak^{i}ät g^{i}önder**mäk** isstij**o**rum
Muß ich eine Zollerklärung ausfüllen?	**Gümrük beyannamesi doldurmam gerekli mi?**	g^{i}ümrük bäjannamässi doldurmam g^{i}**äräk**li mi
An welchem Schalter kann ich eine internationale Postanweisung einlösen?	**Yurtdışından gelen havaleyi hangi gişede bozdurabilirim?**	jurtdı**schı**ndan g^{i}älän hawaläji **hang**^{i}i g^{i}ischädä bosdurabili**rim**
Wo ist der Schalter für postlagernde Sendungen?	**Postrestant gişesi nerededir?**	**poss**trässtant g^{i}ischässi **nä**rädädir
Ist Post für mich da?	**Bana posta var mı acaba?**	bana **poss**ta **war** mı adschaba
Ich heiße ...	**Adım ...**	**adım**

POSTA PULU	BRIEFMARKEN
PAKET	PAKETE
HAVALE	POSTANWEISUNGEN
POSTRESTANT	POSTLAGERND

Telegramme – Telex *Telgraf – Teleks*

Ich möchte ein Telegramm aufgeben.	**Bir telgraf çekmek istiyorum.**	bir **täl**graf **tschäk**mäk isstij**o**rum
Kann ich bitte ein Formular haben?	**Bir form alabilir miyim, lütfen?**	bir **form** alabi**lir** mijim **lüt**fän
Wieviel kostet es pro Wort?	**Kelimesi kaçadır?**	k^{i}älimässi ka**tscha**dır
Wie lange braucht ein Telegramm nach Hamburg?	**Hamburg'a telgraf ne kadar zamanda gider?**	**ham**burga **täl**graf **nä** kadar samanda **g^{i}**idär
Kann ich ein Fernschreiben/ein Telefax schicken?	**Bir teleks/telefaks çekebilir miyim?**	**bir** tä**läkss**/**tälä**fakss tschäk^{i}äbi**lir** mijim

Telefon *Telefon*

Mit dem Telefonieren klappt es ständig besser. Besondere »Münzen« für öffentliche Zellen verkaufen die Postämter. Man kann auch in vielen Geschäften telefonieren. Die meisten Länder sind im Selbstwählverkehr zu erreichen. Wenn Sie Ihre Ferngespräche anmelden, haben Sie die Wahl zwischen gewöhnlichen, dringenden und »Blitz«-Gesprächen. R-Gespräche sind nur mit wenigen Ländern möglich.

Wo ist das Telefon?	**Telefon nerededir?**	**tä**läfon **nä**rädädir
Wo ist die nächste Telefonzelle?	**En yakın telefon kulübesi nerededir?**	**än** jakın **tä**läfon kulübässi **nä**rädädir
Darf ich Ihr Telefon benutzen?	**Telefonunuzu kullanabilir miyim?**	**tä**läfonunusu kullanabi**lir** mijim
Ich möchte eine Telefonmünze*.	**Bir telefon jetonu istiyorum.**	**bir tä**läfon ʒätonu isst**ij**orum
Haben Sie ein Telefonbuch von ...?	**... ın telefon rehberi var mı?**	... ın **tä**läfon rähbäri **war** mı

Auskunft – Vermittlung *Telefon santralı*

Wie ist die Nummer der (internationalen) Auskunft?	**(Milletlerarası) santral numarası nedir?**	(millätlärarassı) ssantral **nu**marassı **nä**dir
Ich möchte nach ... telefonieren.	**... telefon etmek istiyorum.**	... **tä**läfon ätmäk isst**ij**orum
Deutschland Österreich Schweiz	**Almanya'ya Avusturya'ya İsviçre'ye**	al**man**jaja awuss**tur**jaja iss**witsch**räjä
Wie ist die Vorwahl?	**Kod numarası nedir?**	**kod** numarassı **nä**dir
Kann ich durchwählen?	**Numarayı doğrudan çevirebilir miyim?**	**nu**marajı doorudan tschäwiräbi**lir** mijim
Verbinden Sie mich bitte mit ...	**Lütfen beni ... e/a bağlayın.**	**lüt**fän bäni ... ä/a baalajın
Ich möchte ein Gespräch mit Voranmeldung.	**Bir ihbarlı görüşme istiyorum.**	**bir** ich**bar**lı gʲörüschmä isst**ij**orum

* Telefonmünzen *(jeton)* gibt es in drei Größen: *büyük, normal* und *küçük* (groß, normal und klein). Die beiden ersten sind für Auslands- und Ferngespräche, die kleinen für Ortsgespräche gedacht.

ZAHLEN, Seite 148

Ich möchte ein R-Gespräch.	**Bir ödemeli görüşme istiyorum.**	bir ödämäli g^{i}örüschmä isstijorum

Am Apparat *Telefonda*

Hallo. Hier spricht ...	**Alo, ben ...**	alo bän
Ich möchte mit ... sprechen.	**... ile görüşmek istiyorum.**	... ilä g^{i}örüschmäk isstijorum
Ich möchte Nebenanschluß 24.	**Dahili 24 numarayı istiyorum.**	dahili 24 numarajı isstijorum
Wer ist am Apparat?	**Kiminle görüşüyorum, acaba?**	k^{i}iminlä g^{i}örüschüjorum adschaba
Ich verstehe nicht. Sprechen Sie bitte lauter/langsamer.	**Anlayamıyorum. Lütfen daha yüksek/ daha yavaş konuşun.**	anlajamıjorum lütfän daha jükssäk/ daha jawasch konuschun

Pech gehabt *Şanssızlık*

Sie haben mich falsch verbunden.	**Bana yanlış numarayı bağladınız.**	bana janlisch numarajı baaladınıs
Der Anruf ist unterbrochen worden.	**Bağlantı kesildi.**	baalantı k^{i}ässildi
Ich kann die Nummer nicht erreichen.	**Numarayı düşüremiyorum.**	numarajı düschürämijorum

Buchstabiertafel *Kodlama listesi*

A	**Adana**	adana	N	**Nazilli**	nasilli
B	**Balıkesir**	balık^{i}ässir	O	**Ordu**	ordu
C	**Ceyhan**	dschäähan	Ö	**Ödemiş**	ödämisch
Ç	**Çorum**	tschorum	P	**Pazar**	pasar
D	**Diyarbakır**	dijarbakır	Q	**Quebek**	k^{i}äbäk
E	**Edirne**	ädirnä	R	**Rize**	risä
F	**Fatsa**	fatssa	S	**Samsun**	ssamssun
G	**Giresun**	g^{i}irässun	T	**Trabzon**	trabson
H	**Hatay**	hataj	U	**Urla**	urla
I	**Irmak**	ırmak	Ü	**Ünye**	ünjä
İ	**İstanbul**	isstanbul	V	**Van**	wan
J	**Jandarma**	ʒandarma	W	**dubl V**	dubl w
K	**Kastamonu**	kasstamonu	X	**İks**	ikss
L	**Lüleburgaz**	lüläburgas	Y	**Yozgat**	josgat
M	**Manisa**	manissa	Z	**Zonguldak**	songuldak

Nicht da *Yok*

Wann wird er/sie zurück sein?	**Ne zaman geri döner?**	nä saman g^{i}äri dönär
Würden Sie ihm/ihr bitte sagen, daß ich angerufen habe?	**Kendisini aradığımı söyler misiniz?**	k^{i}ändissini aradıımı söölär missinis
Mein Name ist ...	**Adım ...**	adım
Könnten Sie ihn/sie bitten, mich anzurufen?	**Kendisine beni aramasını rica eder misiniz?**	k^{i}ändissinä bäni aramassını ridscha ädär missinis
Würden Sie bitte eine Nachricht hinterlassen?	**Lütfen bir haber bırakır mısınız?**	lütfän bir habär bırakır mıssınıs
Ich rufe später wieder an.	**Daha sonra tekrar ararım.**	daha ssonra täkrar ararım

Gebühren *Ücret*

Was kostet dieses Gespräch?	**Bu görüşmenin ücreti ne kadar?**	bu g^{i}örüschmänin üdschräti nä kadar
Ich möchte das Gespräch bezahlen.	**Görüşmenin bedelini ödemek istiyorum.**	g^{i}örüschmänin bädälini ödämäk isstijorum

Sizi telefonla arıyorlar.	Ein Anruf für Sie.
Lütfen telefonda kalın.	Bitte bleiben Sie am Apparat.
Bir dakika, lütfen.	Einen Moment, bitte.
Hangi numarayı istediniz?	Welche Nummer haben Sie verlangt?
Hat meşgul.	Die Linie ist besetzt.
Hiç kimse cevap vermiyor.	Es antwortet niemand.
Şu anda yok.	Er/Sie ist im Moment nicht da.
Yanlış numaraya bağlandınız.	Sie sind falsch verbunden.
Telefon bozuk.	Das Telefon ist außer Betrieb.

Arzt

Größere Hotels haben einen Arzt in Rufbereitschaft. Viele Ärzte, auch Zahnärzte und Apotheker, sprechen eine Fremdsprache. Das medizinische Versorgungsniveau ist hoch, doch sind die Warteschlangen in öffentlichen Krankenhäusern lang. Es ist deshalb im Notfall ratsamer, mit einer Privatklinik Kontakt aufzunehmen. In Istanbul gibt es ein deutsches sowie ein österreichisches Krankenhaus.

Allgemeines *Genel*

Können Sie einen Arzt holen?	**Bir doktor çağırır mısınız?**	bir **dok**tor tschaaı**rır** **mıs**sınıs
Gibt es hier einen Arzt?	**Burada doktor var mı?**	**bu**rada **dok**tor **war** mı
Ich brauche rasch einen Arzt.	**Çabuk bir doktora ihtiyacım var.**	**tscha**buk bir **dok**tora ihtijadschım **war**
Wo finde ich einen Arzt, der Deutsch spricht?	**Almanca konuşan bir doktor nerede bulabilirim?**	al**man**dscha konuschan bir **dok**tor **när**ädä bulabili**rim**
Wo ist die Arztpraxis?	**Muayenehane neredi dedir?**	muajänähanä **nä**rä-dädir
Wann sind die Sprechstunden?	**Muayene saatleri ne zamandır?**	muajänä ssaatläri **nä** samandır
Könnte der Arzt mich hier untersuchen?	**Doktor beni burada muayene edebilir mi?**	**dok**tor bäni **bu**rada muajänä ädäbi**lir** mi
Wann kann der Arzt kommen?	**Doktor saat kaçta gelebilir?**	**dok**tor ssaat **katsch**ta g^{i}äläbilir
Können Sie mir einen ... empfehlen?	**Bana bir ... tavsiye edebilir misiniz?**	bana bir ... tawssijä ädäbi**lir** **mis**sinis
praktischen Arzt	**pratisyen doktor**	pratiss**jän** doktor
Kinderarzt	**çocuk doktoru**	tscho**dschuk** doktoru
Augenarzt	**göz doktoru**	**g^{i}ös** doktoru
Frauenarzt	**kadın doktoru**	ka**dın** doktoru
Kann ich ... einen Termin bekommen?	**... randevu alabilir miyim?**	randäwu alabi**lir** mijim
sofort	**Hemen**	hämän
morgen	**Yarın için**	**ja**rın itschin
so bald wie möglich	**Bir an önce**	**bir** an öndschä

APOTHEKE – DROGERIE, Seite 104/NOTFALL, Seite 157

Körperteile *Organlar*

Arm	**kol**	kol
Arterie	**atardamar**	a**tar**damar
Auge(n)	**göz(ler)**	g^{i}ös(lär)
Bein	**bacak**	badschak
Blase	**idrar torbası**	id**rar** torbassı
Blinddarm	**apandis**	apandiss
Brust	**göğüs**	g^{i}ööüss
Brustkorb	**göğüs kafesi**	g^{i}öö**üss** kafässi
Darm	**barsak**	barssak
Daumen	**başparmak**	**basch**parmak
Drüse	**beze**	bäsä
Finger	**parmak**	parmak
Fuß	**ayak**	ajak
Gallenblase	**safra kesesi**	ssaf**ra** k^{i}ässässi
Gelenk	**eklem**	äkläm
Geschlechtsorgane	**cinsel organlar**	dschin**ssäl** organlar
Gesicht	**yüz**	jüs
Hals (Kehle)	**boğaz**	booas
Hals (Nacken)	**boyun**	bojun
Hand	**el**	äl
Haut	**cilt**	dschilt
Herz	**kalp**	kalp
Knie	**diz**	dis
Knochen	**kemik**	k^{i}ämik
Leber	**karaciğer**	ka**ra**dschieär
Lippe	**dudak**	dudak
Lunge	**akciğer**	**ak**dschieär
Magen	**mide**	midä
Mandeln	**bademcikler**	badämdschiklär
Mund	**ağız**	aaıs
Muskel	**adale**	adalä
Nase	**burun**	burun
Nerv	**sinir**	ssinir
Nervensystem	**sinir sistemi**	ssi**nir** ssisstämi
Niere	**böbrek**	böbräk
Ohr	**kulak**	kulak
Rippe	**kaburga kemiği**	ka**bur**ga k^{i}ämiei
Rücken	**sırt**	ssırt
Schenkel	**bacak**	badschak
Schulter	**omuz**	omus
Sehne	**kiriş**	k^{i}irisch
Vene	**damar**	damar
Wirbelsäule	**belkemiği**	**bälk**^{i}ämiei
Zehe	**ayak parmağı**	**ajak** parmaaı
Zunge	**dil**	dil

Unfall – Verletzung	*Kaza – Yaralanma*	
Es ist ein Unfall passiert.	**Bir kaza oldu.**	bir kasa oldu
Mein Kind ist hingefallen.	**Çocuğum düştü.**	tschodschuu**um** düschtü
Er/Sie ist am Kopf verletzt.	**Başından yaralandı.***	baschın**dan** jaralandı
Er/Sie ist bewußtlos.	**Bayıldı.**	ba**jıl**dı
Er/Sie blutet stark.	**Kanaması var.**	kanamassı **war**
Er/Sie ist (schwer) verletzt.	**(Ağır) Yaralı.**	(aa**ır**) jaralı
Sein/Ihr Arm ist gebrochen.	**Kolu kırık.**	kolu kırık
Sein/Ihr Knöchel ist geschwollen.	**Ayak bileği şiş.**	**ajak** bilääi schisch
Ich habe mich in die Hand geschnitten.	**Elimi kestim.**	äl**imi** k[i]ässtim
Ein Insekt hat mich gestochen.	**Beni böcek soktu.**	bäni bö**dschäk** ssoktu
Ein Hund hat mich gebissen.	**Beni köpek ısırdı.**	bäni **k[i]ö**päk ıssırdı
Ich habe etwas im Auge.	**Gözümde birşey var.**	g[i]ösümdä **bir**schäj **war**
Ich habe eine Blase.	**Su topladı.**	**ssu** topladı
Ich habe ...	**... var.**	... war
Abschürfung	**Sıyrık**	ssıjrık
Ausschlag	**İsilik**	issilik
Beule	**Yumru**	jumru
Bißwunde	**Isırık yarası**	ıssı**rık** jarassı
Brandwunde	**Yanık yarası**	ja**nık** jarassı
Furunkel	**Kan çıbanı**	kan tschıbanı
Schnittwunde	**Bıçak yarası**	bı**tschak** jarassı
Wunde	**Yara**	jara
Ich kann den/die/das ... nicht bewegen.	**... oynatamıyorum.**	ojna**ta**mıjorum
Es tut weh.	**Acıyor.**	adschı**jor**

---

* Personalpronomen werden normalerweise nicht gebraucht; die Verbendung ist für »er« und »sie« dieselbe.

Nereniz ağrıyor?	Wo haben Sie Schmerzen?
Ne tür ağrınız var?	Was für Schmerzen haben Sie?
hafif/sancılı **nabız gibi atan/devamlı** **düzensiz beliren**	dumpfe/stechende pulsierende/anhaltende unregelmäßig auftretende
Röntgen çekilmesi gerekiyor.	Sie müssen geröntgt werden.
Kırık/Burkuk/ Çıkık/Yırtık.	Es ist gebrochen/verstaucht/ verrenkt/gerissen.
Adaleniz gerilmiş/ zedelenmiş.	Sie haben eine Muskelzerrung/ Quetschung.
Alçıya alınmanız gerekecek.	Sie bekommen einen Gipsverband.
Mikrop kapmış.	Es ist infiziert.
Tetanoza karşı aşılandınız mı?	Sind Sie gegen Wundstarr-krampf geimpft?
Size bir iğne yapacağım.	Ich gebe Ihnen eine Spritze.
Size bir ağrı kesici veriyorum.	Ich gebe Ihnen ein Schmerz-mittel.

Krankheit *Hastalık*

Ich fühle mich nicht wohl.	**Kendimi pek iyi hissetmiyorum.**	k'ändimi **päk** iji his**sät**mijorum
Ich bin krank.	**Hastayım.**	**hass**tajım
Mir ist schwindlig/ übel.	**Başım dönüyor/ Midem bulanıyor.**	ba**schım** dönüjor/ mi**däm** bulanıjor
Ich habe Schüttel-frost.	**Titreme nöbeti geçiriyorum.**	titrä**mä** nobäti g'ätschiri**jo**rum
Ich habe (38°) Fieber.	**(38° derece) Ateşim var.**	(38° därädschä) atä**schim war**
Ich habe mich übergeben.	**Kustum.**	kuss**tum**
Ich habe Verstopfung.	**Kabızım.**	kabısım
Ich habe Durchfall.	**Barsaklarım bozuk.**	barssaklarım bosuk
Mein ... tut weh.	**... acıyor.**	... adschı**jor**

ZAHLEN, Seite 148

Ich habe ...	**... var.**	... war
Asthma	**Astımım**	asstı**mım**
Erkältung	**Nezlem**	näs**läm**
Herzklopfen	**Çarpıntım**	tscharpın**tım**
Magenverstimmung	**Hazımsızlık**	hasımssıs**lık**
Rheumatismus	**Romatizmam**	romatis**mam**
Ich habe ...		
Halsschmerzen	**Boğazım ağrıyor.**	booa**sım** aarıjor
Husten	**Öksürüyorum.**	ökssürü**jo**rum
Kopfschmerzen	**Başım ağrıyor.**	ba**schım** aarı**jor**
Krämpfe	**Kramp girdi.**	**kramp** g^{i}irdi
Magenschmerzen	**Midem ağrıyor.**	mi**däm** aarı**jor**
Nasenbluten	**Burnum kanıyor.**	bur**num** kanı**jor**
Ohrenschmerzen	**Kulağım ağrıyor.**	kulaa**ım** aarı**jor**
Rückenschmerzen	**Sırtım ağrıyor.**	ssır**tım** aarı**jor**
Sonnenstich	**Güneş çarptı.**	g^{i}ü**näsch** tscharptı
steifen Nacken	**Boynum tutuldu.**	boj**num** tutuldu
Ich habe Atembeschwerden.	**Nefes almakta sıkıntı çekiyorum.**	näfäss almakta ssıkıntı tschäk^{i}i**jo**rum
Ich habe Schmerzen in der Brust.	**Göğsümde ağrı var.**	g^{i}össümdä aa**rı** war
Ich hatte vor ... Jahren einen Herzanfall.	**... yıl önce kalp krizi geçirdim.**	... jıl öndschä **kalp** krisi g^{i}ätschirdim
Mein Blutdruck ist zu hoch/zu niedrig.	**Tansiyonum çok yüksek/çok düşük.**	tanssijonum **tschok** jükssäk/**tschok** düschük
Ich bin gegen ... allergisch.	**... e/a allerjim var.**	... ä/a allär**ʒim** war
Ich bin Diabetiker.	**Şeker hastasıyım.**	schä**k^{i}är** hasstassı**jım**

Beim Frauenarzt *Kadın doktoru*

Ich habe Menstruationsbeschwerden.	**Aybaşı ağrılarım var.**	ajba**schı** aarıla**rım** **war**
Ich habe eine Scheidenentzündung.	**Dölyolumda iltihap var.**	döljolum**da** iltihap war
Ich nehme die Pille.	**Doğum kontrol hapı alıyorum.**	dooum kon**trol** hapı alı**jo**rum
Ich habe seit 2 Monaten meine Periode nicht mehr gehabt.	**2 aydan beri aybaşı olmadım.**	2 aj**dan** bäri ajbaschı **ol**madım
Ich bin (im 3. Monat) schwanger.	**(3 aylık) Hamileyim.**	(3 ajlık) hamiläjim

Ne zamandan beri kendinizi böyle hissediyorsunuz?	Wie lange fühlen Sie sich schon so?
Bu ilk kez mi oluyor?	Haben Sie das zum ersten Mal?
Tansiyonunuzu/Ateşinizi ölçeceğim.	Ich werde Ihren Blutdruck/ Ihre Temperatur messen.
Kolunuzu sıyırın, lütfen.	Streifen Sie bitte den Ärmel hoch.
Lütfen soyunun.	Ziehen Sie sich bitte aus.
Oraya uzanın, lütfen.	Legen Sie sich bitte dorthin.
Ağzınızı açın.	Machen Sie den Mund auf.
Derin nefes alın.	Tief atmen, bitte.
Öksürün, lütfen.	Husten Sie, bitte.
Nereniz ağrıyor?	Wo haben Sie Schmerzen?
... olmuşsunuz.	Sie haben ...
Apandisit	Blinddarmentzündung
Gastrit	Magenschleimhautentzündung
Grip	Grippe
... iltihabı	... entzündung
Kızamık	Masern
Sarılık	Gelbsucht
Sistit	Blasenentzündung
Zatürree	Lungenentzündung
Zehirlenmişsiniz	Lebensmittelvergiftung
Zührevi hastalık	Geschlechtskrankheit
Bulaşıcıdır/Bulaşıcı değildir.	Es ist/Es ist nicht ansteckend.
Size bir iğne yapacağım.	Ich gebe Ihnen eine Spritze.
Kan/Büyük abdest/İdrar numunesi istiyorum.	Ich brauche eine Blut-/ Stuhl-/Urinprobe.
... gün yatakta kalmanız gerekiyor.	Sie müssen ... Tage im Bett bleiben.
Bir uzman hekime gitmeniz gerekiyor.	Sie sollten einen Spezialisten aufsuchen.
Genel sağlık kontrolü için hastaneye gitmeniz gerekiyor.	Sie müssen zu einer General-untersuchung ins Kranken-haus.
Ameliyat olmanız gerekiyor.	Sie müssen operiert werden.

Rezept – Behandlung *Reçete – Tedavi*

Gewöhnlich nehme ich dieses Medikament.	**Herzaman bu ilacı alırım.**	**här**saman **bu** iladschı alırım
Können Sie mir dafür ein Rezept geben?	**Bunun için bir reçete verebilir misiniz?**	**bu**nun itschin bir rätschätä wäräbi**lir missinis**
Können Sie mir ... verschreiben?	**... için reçete yazabilir misiniz?**	... itschin rätschätä jasabi**lir missinis**
Schlafmittel	**Uyku ilacı**	uj**ku** iladschı
Mittel gegen Depressionen	**Depresyona karşı ilaç**	däprässjo**na** karschı ılatsch
Beruhigungsmittel	**Yatıştırıcı**	jatıschtırıdschı
Ich bin allergisch gegen Penizillin.	**Penisiline allerjim var.**	päni**ssi**linä **a**llärʒim war
Ich möchte kein zu starkes Mittel.	**Çok kuvvetli bir ilaç istemiyorum.**	**tschok** kuwwätli bir ilatsch iss**tä**mijorum
Wie oft täglich soll ich es nehmen?	**Bundan günde kaç kez almalıyım?**	**bun**dan g^{i}ündä **katsch** k^{i}äs almalıjım
Muß ich sie ganz schlucken?	**Bunları bütün olarak mı yutacağım?**	**bun**ları bü**tün** olarak mı jutadschaaım

Nasil bir tedavi görüyorsunuz?	Wie werden Sie behandelt?
Hangi ilaçları alıyorsunuz?	Welches Medikament nehmen Sie?
İğneyle mi yoksa tablet olarak mı?	Als Spritze oder Tabletten?
Bu ilaçtan ... 2 çay kaşığı alın.	Nehmen Sie von dieser Medizin 2 Teelöffel ...
... saatte bir	alle ... Stunden
günde ... kez	... mal täglich
yemeklerden önce/sonra	vor/nach jeder Mahlzeit
sabahları/akşamları	morgens/abends
... gün/ ... hafta boyunca	während ... Tagen/Wochen
ağrı olursa	wenn Sie Schmerzen haben
Bu ilaç uykunuzu getirebilir.	Diese Arznei kann Sie müde machen.

APOTHEKE, Seite 104

Honorar *Ücret*

Wieviel bin ich Ihnen schuldig?	**Borcum ne kadar?**	bordschum **nä** kadar
Kann ich bitte eine Quittung für meine Krankenkasse haben?	**Sağlık sigortam için makbuz verir-misiniz?**	ssaa**lık** ssigortam itschin makbus wä**rir**-**missinis**
Können Sie mir ein ärztliches Zeugnis ausstellen?	**Bana bir sağlık raporu düzenleyebilir misiniz?**	bana bir ssaa**lık** raporu düsänläjäbi**lir** **missinis**
Würden Sie bitte dieses Krankenkassenformular ausfüllen?	**Bu sağlık sigortası formunu doldurur musunuz, lütfen?**	bu ssaa**lık** ssigortassı formunu doldu**rur** **mussunus** **lüt**fän

Krankenhaus *Hastane*

Bitte benachrichtigen Sie meine Familie.	**Lütfen aileme haber verin.**	**lüt**fän ailämä habär wärin
Wann ist Besuchszeit?	**Ziyaret saatleri ne zaman?**	sija**rät** ssaatläri **nä** saman
Wann kann ich aufstehen?	**Ne zaman yataktan kalkabilirim?**	**nä** saman jataktan kalkabili**rim**
Wann kommt der Arzt?	**Doktor ne zaman gelecek?**	**dok**tor **nä** saman g'älädschäk
Ich kann nicht essen/schlafen.	**Yemek yiyemiyorum/ Uyuyamıyorum.**	jämäk ji**jä**mijorum/ uju**ja**mıjorum
Ich habe Schmerzen.	**Ağrım var.**	aa**rım** war
Wo ist die Klingel?	**Zil nerededir?**	sil **nä**rädädir

Arzt/Chirurg	**tıp doktoru/cerrah**	**tıp** doktoru/dschärrah
Krankenschwester	**hemşire**	hämschirä
Patient/Patientin	**hasta**	hassta
Bluttransfusion	**kan nakli**	kan nakli
Narkose	**anestezi**	anässtäsi
Operation	**ameliyat**	amälijat
Spritze	**iğne**	ienä
Bett	**yatak**	jatak
Bettpfanne	**oturak**	oturak
Thermometer	**termometre**	tär**mo**mäträ

Zahnarzt *Dişçi*

Können Sie mir einen guten Zahnarzt empfehlen?	**İyi bir dişçi tavsiye edebilir misiniz?**	**iji** bir dischtschi tawssijä ädäbi**lir** **mis**sinis
Kann ich einen (dringenden) Termin bei Herrn/Frau Dr. ... haben?	**Doktor ... den/dan (acele) randevu alabilir miyim?**	**dok**tor ... dän/dan (adschälä) randäwu alabi**lir** mijim
Geht es nicht eher?	**Daha erken olamaz mı?**	**da**ha ärk^{i}än o**la**mas mı
Ich habe Zahnschmerzen.	**Dişim ağrıyor.**	di**schim** aarı**jor**
Ich habe eine Plombe verloren.	**Dolgumu düşürdüm.**	dolgumu düschürdüm
Der Zahn wackelt/ ist abgebrochen.	**Dişim sallanıyor/ kırıldı.**	di**schim** ssallanıjor/ kırıldı
Dieser Zahn schmerzt.	**Bu dişim ağrıyor.**	**bu** dischim aarıjor
oben	**yukarıdaki**	jukarıda**k^{i}i**
unten	**aşağıdaki**	aschaaıda**k^{i}i**
vorne	**öndeki**	öndä**k^{i}i**
hinten	**arkadaki**	arkada**k^{i}i**
Ist es ein Abszeß/ eine Infektion?	**Abse mi/Enfeksiyon mu?**	abssä mi/än**fäk**ssijon mu
Können Sie ihn provisorisch behandeln?	**Geçici olarak tedavi edebilir misiniz?**	g^{i}ätschidschi olarak tädawi ädäbi**lir** **mis**sinis
Ich möchte ihn nicht ziehen lassen.	**Çekilmesini istemiyorum.**	tschäk^{i}ilmässini iss**tä**mijorum
Können Sie mir eine Spritze geben?	**Bana bir iğne yapabilir misiniz?**	bana bir ienä japabi**lir** **mis**sinis
Das Zahnfleisch ...	**Diş etlerim ...**	**disch** ätlärim
ist wund	**yaralı**	jaralı
blutet	**kanıyor**	kanıjor
Mein Gebiß ist zerbrochen.	**Takma dişlerim kırıldı.**	tak**ma** dischlärim kırıldı
Können Sie das Gebiß reparieren?	**Takma dişlerimi tamir edebilir misiniz?**	tak**ma** dischlärimi tamir ädäbi**lir** **mis**sinis

Allerlei Wissenswertes

Woher kommen Sie? *Nerelisiniz?*

Ich komme aus ...	**... den/dan geliyorum.**	... dän/dan g^{i}älijorum
Deutschland	**Almanya**	almanja
Österreich	**Avusturya**	awussturja
Schweiz	**İsviçre**	isswitschrä
Ich bin ...		
Deutscher/Deutsche	**Almanım.**	almanım
Österreicher/-in	**Avusturyalıyım.**	awssturjalıjım
Schweizer/-in	**İsviçreliyim.**	isswitschrälijim
Ich wohne in/in der Nähe von ...	**... de/civarında oturuyorum.**	... dä/dschiwarında oturujorum
Berlin	**Berlin**	bärlin
Frankfurt	**Frankfurt**	frankfurt
Hamburg	**Hamburg**	hamburg
Köln	**Köln**	k^{i}öln
München	**Münih**	münih
Wien	**Viyana**	wijana
Zürich	**Zürih**	sürih
Kommen Sie aus ...?	**... den/dan mı geliyorsunuz?**	... dän/dan mı g^{i}älijorssunus
Ankara	**Ankara**	ankara
Bursa	**Bursa**	burssa
Istanbul	**İstanbul**	isstanbul
Kayseri	**Kayseri**	kajssäri
Malatya	**Malatya**	malatja
Seyhan	**Seyhan**	ssäähan

Länder und Kontinente *Ülkeler ve kıt'a*

Ägypten	**Mısır**	missır
Algerien	**Cezayir**	dschäsajir
Belgien	**Belçika**	bältschika
Brasilien	**Brezilya**	bräsilja
Bulgarien	**Bulgaristan**	bulgarisstan
China	**Çin**	tschin
Cypern	**Kıbrıs**	kıbrıss
Dänemark	**Danimarka**	danimarka
Deutschland	**Almanya**	almanja

England	**İngiltere**	ing^{i}iltärä
Finnland	**Finlandiya**	finlandija
Frankreich	**Fransa**	franssa
Griechenland	**Yunanistan**	junanisstan
Großbritannien	**Büyük Britanya**	büjük britanja
Indien	**Hindistan**	hindisstan
Irak	**Irak**	ırak
Iran	**İran**	iran
Irland	**İrlanda**	irlanda
Island	**İslanda**	isslanda
Israel	**İsrail**	issrail
Italien	**İtalya**	italja
Japan	**Japonya**	ʒaponja
Jordanien	**Ürdün**	ürdün
Kanada	**Kanada**	kanada
Libanon	**Lübnan**	lübnan
Liechtenstein	**Lihtenştayn**	lihtenschtajn
Luxemburg	**Lüksemburg**	lükssämburg
Marokko	**Fas**	fass
Niederlande	**Hollanda**	hollanda
Norwegen	**Norveç**	norwätsch
Österreich	**Avusturya**	awussturja
Pakistan	**Pakistan**	pak^{i}isstan
Polen	**Polonya**	polonja
Portugal	**Portekiz**	portäk^{i}is
Rumänien	**Romanya**	romanja
Rußland	**Rusya**	rusja
Saudi-Arabien	**Suudi Arabistan**	ssuudi arabisstan
Schweden	**İsveç**	isswätsch
Schweiz	**İsviçre**	isswitschrä
Spanien	**İspanya**	isspanja
Südafrika	**Güney Afrika**	g^{i}ünäj afrika
Syrien	**Suriye**	ssurijä
Tunesien	**Tunus**	tunuss
Türkei	**Türkiye**	türk^{i}ijä
Ungarn	**Macaristan**	madscharisstan
Vereinigte Staaten	**Amerika Birleşik Devletleri**	amärika birläschik däwlätläri
Afrika	**Afrika**	afrika
Asien	**Asya**	assja
Australien	**Avustralya**	awusstralja
Europa	**Avrupa**	awrupa
Nordamerika	**Kuzey Amerika**	kusäj amärika
Südamerika	**Güney Amerika**	g^{i}ünäj amärika

Zahlen *Sayılar*

0	**sıfır**	ssıfır
1	**bir**	bir
2	**iki**	ik^{i}i
3	**üç**	ütsch
4	**dört**	dört
5	**beş**	bäsch
6	**altı**	altı
7	**yedi**	jädi
8	**sekiz**	ssäk^{i}is
9	**dokuz**	dokus
10	**on**	on
11	**on bir**	**on** bir
12	**on iki**	**on** ik^{i}i
13	**on üç**	**on** ütsch
14	**on dört**	**on** dört
15	**on beş**	**on** bäsch
16	**on altı**	**on** altı
17	**on yedi**	**on** jädi
18	**on sekiz**	**on** ssäk^{i}is
19	**on dokuz**	**on** dokus
20	**yirmi**	**jir**mi
21	**yirmi bir**	**jir**mi bir
22	**yirmi iki**	**jir**mi ik^{i}i
23	**yirmi üç**	**jir**mi ütsch
24	**yirmi dört**	**jir**mi dört
25	**yirmi beş**	**jir**mi bäsch
26	**yirmi altı**	**jir**mi altı
27	**yirmi yedi**	**jir**mi jädi
28	**yirmi sekiz**	**jir**mi ssäk^{i}is
29	**yirmi dokuz**	**jir**mi dokus
30	**otuz**	otus
31	**otuz bir**	**otus** bir
32	**otuz iki**	**otus** ik^{i}i
33	**otuz üç**	**otus** ütsch
40	**kırk**	kırk
41	**kırk bir**	**kırk** bir
42	**kırk iki**	**kırk** ik^{i}i
43	**kırk üç**	**kırk** ütsch
50	**elli**	älli
51	**elli bir**	**älli** bir
52	**elli iki**	**älli** ik^{i}i
53	**elli üç**	**älli** ütsch
60	**altmış**	altmısch
61	**altmış bir**	**alt**mısch bir
62	**altmış iki**	**alt**mısch ik^{i}i

63	**altmış üç**	**alt**mısch ütsch
70	**yetmiş**	jätmisch
71	**yetmiş bir**	**jät**misch bir
72	**yetmiş iki**	**jät**misch ik^{i}i
73	**yetmiş üç**	**jät**misch ütsch
80	**seksen**	ssäk**ssän**
81	**seksen bir**	ssäk**ssän** bir
82	**seksen iki**	ssäk**ssän** ik^{i}i
83	**seksen üç**	ssäk**ssän** ütsch
90	**doksan**	**dok**ssan
91	**doksan bir**	**dok**ssan bir
92	**doksan iki**	**dok**ssan ik^{i}i
93	**doksan üç**	**dok**ssan ütsch
100	**yüz**	jüs
101	**yüz bir**	**jüs** bir
102	**yüz iki**	**jüs** ik^{i}i
110	**yüz on**	**jüs** on
120	**yüz yirmi**	**jüs** jirmi
130	**yüz otuz**	**jüs** otus
140	**yüz kırk**	**jüs** kırk
150	**yüz elli**	**jüs** älli
160	**yüz altmış**	**jüs** altmısch
170	**yüz yetmiş**	**jüs** jätmisch
180	**yüz seksen**	**jüs** ssäkssän
190	**yüz doksan**	**jüs** dokssan
200	**iki yüz**	**ik^{i}i** jüs
300	**üç yüz**	**ütsch** jüs
400	**dört yüz**	**dört** jüs
500	**beş yüz**	**bäsch** jüs
600	**altı yüz**	al**tı** jüs
700	**yedi yüz**	jä**di** jüs
800	**sekiz yüz**	ssä**k^{i}is** jüs
900	**dokuz yüz**	do**kus** jüs
1000	**bin**	bin
1100	**bin yüz**	**bin** jüs
1200	**bin iki yüz**	bin **ik^{i}i** jüs
2 000	**iki bin**	**ik^{i}i** bin
5 000	**beş bin**	**bäsch** bin
10 000	**on bin**	**on** bin
50 000	**elli bin**	**älli** bin
100 000	**yüz bin**	**jüs** bin
1 000 000	**bir milyon**	**bir** miljon
1 000 000 000	**bir milyar**	**bir** miljar

erste	**birinci**	**bir**indschi
zweite	**ikinci**	**ik^{i}in**dschi
dritte	**üçüncü**	ütsch**ün**dschü
vierte	**dördüncü**	**dör**dündschü
fünfte	**beşinci**	bä**schin**dschi
sechste	**altıncı**	**al**tındschı
siebte	**yedinci**	jä**din**dschi
achte	**sekizinci**	**ssäk**^{i}isindschi
neunte	**dokuzuncu**	**do**kusundschu
zehnte	**onuncu**	**o**nundschu
einmal	**bir kez**	**bir** k^{i}äs
zweimal	**iki kez**	**ik^{i}i** k^{i}äs
dreimal	**üç kez**	**ütsch** k^{i}äs
Hälfte (von)	**yarı(sı)**	**ja**rı(ssı)
halb	**yarım**	**ja**rım
Drittel	**üçte bir**	**ütsch**tä bir
Viertel	**dörtte bir**	**dört**tä bir
Dutzend	**düzine**	düsinä
Paar	**çift**	tschift
Prozent	**yüzde**	jüsdä
3,4%	**yüzde 3,4**	jüs**dä** ütsch wirg^{i}ül dört

Jahr und Alter *Yıl ve yaş*

Jahr	**yıl**	jıl
Schaltjahr	**artık yıl**	ar**tık** jıl
Jahrzehnt	**on yıl**	**on** jıl
Jahrhundert	**yüzyıl**	**jüs**jıl
dieses Jahr	**bu yıl**	**bu** jıl
letztes Jahr	**geçen yıl**	g^{i}ä**tschän** jıl
nächstes Jahr	**gelecek yıl**	g^{i}ä**lädschäk** jıl
jedes Jahr	**her yıl**	**här** jıl
vor 2 Jahren	**iki yıl önce**	**ik^{i}i** jıl öndschä
in einem Jahr	**bir yıl içinde**	**bir** jıl itschindä
in den achtziger Jahren	**seksenli yıllarda**	ssäk**ssän**li jıllarda
das 16. Jahrhundert	**16'ncı yüzyıl**	on altındschı jüsjıl
im 20. Jahrhundert	**20'nci yüzyılda**	jırmindschı jüsjılda
1988	**bin dokuz yüz seksen sekiz**	bin do**kus** jüs ssäk**ssän** ssäk^{i}is
1992	**bin dokuz yüz doksan iki**	bin do**kus** jüs dok**ssan** ik^{i}i
2003	**iki bin üç**	**ik^{i}i** bin ütsch

Wie alt sind Sie?	**Kaç yaşındasınız?**	**katsch** jaschındassınıs
Ich bin 30 Jahre alt.	**Otuz yaşındayım.**	**otus** jaschındajım
Er/Sie ist 1980 geboren.	**O 1980 yılında doğdu.**	o 1980 jılında doodu
Kindern unter 16 Jahren ist der Zutritt verboten.	**16 yaşından küçük çocukların girmesi yasaktır.**	16 jaschından k^{i}ütschük tschodschukl**arın** g^{i}irmässi j**assak**tır

Jahreszeiten *Mevsimler*

Frühling	**ilkbahar**	**ilk**bahar
Sommer	**yaz**	jas
Herbst	**sonbahar**	**sson**bahar
Winter	**kış**	kısch
im Frühling	**ilkbaharda**	**ilk**baharda
während des Sommers	**yaz boyunca**	jas bojundscha
Hochsaison	**mevsim içi**	mäw**ssim** itschi
Vor-/Nachsaison	**mevsim öncesi/ sonrası**	mäw**ssim** öndschässi/ ssonrassı

Monate *Aylar*

Januar	**Ocak**	odschak
Februar	**Şubat**	schubat
März	**Mart**	mart
April	**Nisan**	nissan
Mai	**Mayıs**	majıss
Juni	**Haziran**	hasiran
Juli	**Temmuz**	tämmus
August	**Ağustos**	aausstoss
September	**Eylül**	äälül
Oktober	**Ekim**	äk^{i}im
November	**Kasım**	kassım
Dezember	**Aralık**	aralık
im August	**Ağustos'da**	aausstossda
seit Oktober	**Ekim'den beri**	äk^{i}im**dän** bäri
Anfang Januar	**Ocak başı**	o**dschak** baschı
Mitte Februar	**Şubat ortası**	schu**bat** ortassı
Ende März	**Mart sonu**	**mart** ssonu
diesen Monat	**bu ay**	**bu** aj
im letzten Monat	**geçen ay**	g^{i}**ätschän** aj
3 Monate lang	**üç ay süresince**	**ütsch** aj ssürässindschä

Tage – Datum *Gün – Tarih*

Welchen Tag haben wir heute?	**Bugün günlerden ne?**	**bug**^{i}ün g^{i}ünlär**dän** nä
Sonntag	**pazar**	pa**sar**
Montag	**pazartesi**	pa**sar**tässi
Dienstag	**salı**	ssa**lı**
Mittwoch	**çarşamba**	tscharscham**ba**
Donnerstag	**perşembe**	pärschäm**bä**
Freitag	**cuma**	**dschu**ma
Samstag	**cumartesi**	**dschu**martässi
Den wievielten haben wir heute?	**Bugün ayın kaçı?**	**bug**^{i}ün ajın **kat**schı
Heute ist der 1. Juli.	**Bugün Temmuz'un biri.**	**bug**^{i}ün **täm**musun biri
Wir reisen am 5. Mai ab.	**Mayıs'ın beşinde hareket ediyoruz.**	majı**ssın** bäschindä harāk^{i}ät ädi**jo**rus
morgens	**sabahları**	ssa**bach**ları
vormittags	**öğleden önceleri**	ööl**ädän** ön**dschä**läri
mittags	**öğleleri**	öölö**lä**ri
tagsüber	**gündüzleri**	**g**^{i}**ün**düsläri
nachmittags	**öğleden sonraları**	ööl**ädän** ssonraları
abends	**akşamları**	ak**scham**ları
nachts	**geceleri**	g^{i}**ädschä**läri
um Mitternacht	**geceyarısında**	g^{i}ädschäjarıssında
vorgestern	**evvelki gün**	äwwälk^{i}i g^{i}ün
gestern	**dün**	dün
heute	**bugün**	**bug**^{i}ün
morgen	**yarın**	jarın
übermorgen	**öbürgün**	**öbürg**^{i}ün
vor 2 Tagen	**iki gün önce**	**ik**^{i}**i** g^{i}ün öndschä
in 3 Tagen	**üç gün içinde**	**ütsch** g^{i}ün **itschin**dä
letzte Woche	**geçen hafta**	g^{i}**ätschän hafta**
nächste Woche	**gelecek hafta**	g^{i}ä**lädschäk hafta**
die Woche über	**hafta boyunca**	**hafta** bo**jun**dscha
am Wochenende	**hafta sonunda**	**hafta** ssonunda
Feiertag	**bayram günü**	bay**ram** g^{i}ünü
Ferien	**tatil**	**tatil**
freier Tag	**tatil günü**	**tatil** g^{i}ünü
Geburtstag	**doğum günü**	**dooum** g^{i}ünü
Ruhetag	**tatil günü**	**tatil** g^{i}ünü
Urlaub	**izin**	**isin**
Werktag	**iş günü**	**isch** g^{i}ünü

Grüße und Wünsche *Selâm ve Kutlama*

Fröhliche Weihnachten!	**Neşeli Noeller!**	näschäli noällär
Glückliches Neues Jahr!	**Yeni yılınız kutlu olsun!**	jäni jılınıs kutlu olssun
Frohe Ostern!	**Paskalya'nız kutlu olsun!**	passkaljanıs kutlu olssun
Alles Gute zum Geburtstag!	**Doğum günün kutlu olsun!**	dooum g'ünün kutlu olssun
Herzlichen Glückwunsch!	**Candan kutlarım!**	dschandan kutlarım
Viel Glück!	**Bol şans!**	bol schanss
Gute Reise!	**İyi yolculuklar!**	iji joldschuluklar
Schöne Ferien!	**İyi tatiller!**	iji tatillär
Viele/Herzliche Grüße aus/von ...	**... den/dan çok/ candan selâmlar.**	... dän/dan tschok/ dschandan ssälaamlar

Feiertage *Bayram günü*

1. Jan.	**Yılbaşı**	Neujahr
23. April	**23 Nisan Çocuk Bayramı**	Tag der Nationalen Unabhängigkeit und Tag des Kindes
19. Mai	**Gençlik ve Spor Bayramı**	Tag der Jugend und des Sports
30. August	**Zafer Bayramı**	Tag des Sieges
29. Okt.	**Cumhuriyet Bayramı**	Tag der Republik oder Nationalfeiertag

Neben diesen »weltlichen« Feiertagen gibt es zwei wichtige islamische Feste, die sich nach dem Mondkalender richten und daher jedes Jahr 10 bis 12 Tage früher beginnen. Das erste beendet die vierwöchige Fastenzeit und die Zeit der Gebete, den Ramadan *(Ramazan)*, und heißt *Şeker Bayramı* (Zuckerfest); es dauert drei bis fünf Tage. Zwei Monate und zehn Tage später folgt *Kurban Bayramı* (Opferfest), das vier bis fünf Tage gefeiert wird.

Wie spät ist es? *Saat kaç?*

Verzeihung, können Sie mir sagen, wie spät es ist?	**Affedersiniz, saatin kaç olduğunu söyleyebilir misiniz?**	affädärssinis ssatin katsch oduuunu ssööläjäbilir missinis
Es ist …		
fünf nach eins	**Biri beş geçiyor.**	biri bäsch g^{i}ätschijor
zehn nach zwei	**İkiyi on geçiyor.**	ik^{i}iji on g^{i}ätschijor
viertel nach drei	**Üçü çeyrek geçiyor.**	ütschü tschääräk g^{i}ätschijor
zwanzig nach vier	**Dördü yirmi geçiyor.**	dördü jirmi g^{i}ätschijor
fünf vor halb sechs	**Beşi yirmibeş geçiyor.**	bäschi jirmibäsch g^{i}ätschijor
halb sieben	**Altı buçuk.**	altı butschuk
fünf nach halb sieben	**Yediye yirmibeş var.**	jädijä jirmibäsch war
zwanzig vor acht	**Sekize yirmi var.**	ssäk^{i}isä jirmi war
viertel vor neun	**Dokuza çeyrek var.**	dokusa tschääräk war
zehn vor zehn	**Ona on var.**	ona on war
fünf vor elf	**Onbire beş var.**	onbirä bäsch war
zwölf Uhr	**Oniki.**	onik^{i}i
morgens	**sabahları**	ssabachları
mittags	**öğleleri**	öölälări
abends	**akşamları**	akschamları
Mittag/Mitternacht	**öğle/gece yarısı**	öölä/g^{i}ädschä jarıssı
Der Zug fährt um …	**Tren saat … de hareket ediyor.**	trän ssaat … dä haräk^{i}ät ädijor
13.04 Uhr	**saat onüç sıfır dört**	ssaat onütsch ssıfır dört
0.40 Uhr	**saat sıfır kırk**	ssaat ssıfır kırk
in fünf Minuten	**beş dakika içinde**	bäsch dak^{i}ika itschindä
in einer Viertelstunde	**çeyrek saat içinde**	tschääräk ssaat itschindä
vor einer halben Stunde	**yarım saat önce**	jarım ssaat öndschä
ungefähr zwei Stunden	**yaklaşık iki saat**	jaklaschık ik^{i}i ssaat
über 10 Minuten	**on dakikanın üzerinde**	on dak^{i}ikanın üsärindä
weniger als 30 Sekunden	**otuz saniyeden az**	otus ssanijädän as
Es tut mir leid, ich habe mich verspätet.	**Özür dilerim, geç kaldım.**	ösür dilärim g^{i}ätsch kaldım
früh/spät	**erken/geç**	ärk^{i}än/g^{i}ätsch
rechtzeitig	**zamanında**	samanında

ZAHLEN, Seite 148

Abkürzungen *Kısaltmalar*

A.A.	**Anadolu Ajansı**	Türkische Presseagentur
A.B.D.	**Amerika Birleşik Devletleri**	USA
Apt.	**apartman**	(Miets-)Haus, Apartment
As.	**Askerî/asistan**	Militär/Assistent
As. İz.	**Askerî İnzibat**	Militärpolizei
B.	**Bay**	Herr
bkz.	**bakınız**	siehe
B.M.	**Birleşmiş Milletler**	Vereinte Nationen
B.M.M.	**Büyük Millet Meclisi**	Türkische Nationalversammlung (Abgeordnetenhaus)
Bn.	**Bayan**	Frau, Fräulein
Cad.	**cadde**	Straße
D.D.Y.	**Devlet Deniz Yolları**	Nationale türkische Schifffahrtslinie
Doç.	**doçent**	Dozent
Gnl.	**general**	allgemein
İ.E.T.T.	**İstanbul Elektrik Tramvay Tünel**	Istanbuler Verkehrsbetriebe
İst.	**İstanbul**	Istanbul
Krş	**kuruş**	Türkische Münze (1 Lira = 100 Kurus)
Mah.	**Mahallesi**	Stadtviertel
M.Ö.	**Milâttan Önce**	vor Christus
M.S.	**Milâttan Sonra**	nach Christus
msl.	**meselâ**	zum Beispiel
No., Nr.	**numara**	Nummer
P.K.	**posta kutusu**	Postfach
P.T.T.	**Posta Telgraf Telefon**	Postamt
s.	**sayfa**	Seite
Sok.	**sokak**	Straße
S.S.C.B.	**Sovyet Sosyalist Cumhuriyetler Birliği**	Sowjetunion
T.B.M.M.	**Türkiye Büyük Millet Meclisi**	Türkisches Parlament
T.C.	**Türkiye Cumhuriyeti**	Türkische Republik
T.C.D.D.Y.	**Türkiye Cumhuriyeti Devlet Demir Yolları**	Staatliche Türkische Eisenbahn
T.L.	**Türk Lirası**	Türkische Lira
T.T.O.K.	**Türk Turing Otomobil Kurumu**	Türkischer Automobilklub
Tel.	**telefon**	Telefon
T.H.Y.	**Türk Hava Yolları**	Türkische Fluggesellschaft
T.R.T.	**Türkiye Radyo ve Televizyon Kurumu**	Türkische Rundfunk- und Fernsehanstalt

Aufschriften und Hinweise	*Levhalar ve uyarılar*
Açık	Offen
Asansör	Fahrstuhl
Bayanlar	Damen
Baylar	Herren
Bisiklet yolu	Fahrradweg
Boş	Frei
Boş yer yok/Boş oda yok	Keine freien Plätze/Zimmer
Çekiniz	Ziehen
Çıkış	Ausgang
Danışma	Auskunft
Dikkat	Vorsicht
Dikkat, köpek var	Warnung vor dem Hunde
Dokunmayınız	Nicht berühren
Dolu/Doludur	Ausverkauft (Plätze)
Giriş	Eingang
Giriş serbesttir	Eintritt frei
Girmek yasaktır	Eintritt verboten
Hepsi satıldı	Ausverkauft (Waren)
İçmek yasaktır	Trinken verboten
İçme suyu	Trinkwasser
İmdat çıkışı	Notausgang
İtiniz	Drücken
Kapalı	Geschlossen
Kapıyı çalmadan giriniz	Eintreten ohne zu klopfen
(Turist) Kilavuz(u)	(Fremden-)Führer
Kiralık	Zu vermieten
Lütfen zili çalınız	Bitte läuten
Meşgul	Besetzt
Ölüm tehlikesi	Lebensgefahr
Özel	Privat
Satılık	Zu verkaufen
Sıcak	Heiß
Sigara içmek yasaktır	Rauchen verboten
Soğuk	Kalt
Tehlike	Gefahr
Tasfiye Satışı	Schlußverkauf
Çevirmen	Übersetzer
Rezerv	Reserviert
Vezne	Kasse
İşi olmayanların girmesi kesinlikle yasaktır	Unbefugtes Betreten bei Strafe verboten
... yasaktır	... verboten

Notfall *Tehlikeli durum*

Notfallnummern, wie die der Polizei *(polis)* und der Feuerwehr *(itfaiye)*, finden Sie auf der ersten Seite des Telefonbuches.

ACHTUNG	**DİKKAT**	**dik**kat
Beeilen Sie sich	**Acele ediniz**	adschälä ädinis
Botschaft	**Büyükelçilik**	büjük'ältschilik
FEUER	**YANGIN**	jang'ın
Gas	**Gaz**	gas
GEFAHR	**TEHLİKE**	tählik'ä
Gehen Sie weg	**Gidiniz**	g'idinis
Gift	**Zehir**	sähir
HALT	**DUR**	dur
Haltet den Dieb	**Hırsızı yakalayın**	hırssısı jakala**jın**
HILFE	**İMDAT**	**im**dat
Holen Sie schnell Hilfe	**Çabuk imdat isteyin**	**tscha**buk imdat isstäjin
Ich bin krank	**Hastayım**	hasstajım
Ich habe mich verirrt	**Kayboldum**	**kaj**boldum
Konsulat	**Konsolosluk**	konssolossluk
Krankenwagen	**Ambülans**	ambülanss
Lassen Sie mich in Ruhe	**Beni rahat bırakın**	bäni ra**hat** bırakın
POLIZEI	**POLİS**	poliss
Rufen Sie die Polizei	**Polis çağırın**	poliss tschaaırın
Rufen Sie einen Arzt	**Doktor çağırın**	**dok**tor tschaaırın
Schnell	**Çabuk**	**tscha**buk
Vorsicht	**Dikkat**	**dik**kat

Fundsachen – Diebstahl *Bulanan seyler – Hırsızlık*

Wo ist das Fundbüro/ die Polizeiwache?	**Kayıp eşya bürosu/ Polis karakolu nerededir?**	ka**jıp** äschja bürossu/po**liss** karakolu **närädä**dir
Ich möchte einen Diebstahl anzeigen.	**Bir hırsızlık olayını ihbar etmek istiyorum.**	bir hırssıslık olajını ihbar ät**mäk** isst**ij**orum
Mein(e) ... ist mir gestohlen worden.	**... um/ım/am çalındı.**	... um/ım/am tschalındı
Ich habe ... verloren.	**... kaybettim.**	... **kaa**bätim
Brieftasche	**Para cüzdanımı**	**pa**ra dschüsdanımı
Geld	**Para**	para
Handtasche	**El çantamı**	**äl** tschantamı
Reisepaß	**Pasaportu**	passaportu

AUTOUNFÄLLE, Seite 79

Kurzgrammatik

Türkisch gehört zu einer Gruppe von Sprachen (Turksprachen), deren Heimat in Mittelasien liegt und die möglicherweise mit dem Finnischen und Ungarischen entfernt verwandt sind. Bis 1928 wurde es arabisch geschrieben, dann führte Kemal Atatürk die lateinische Schrift ein.

Charakteristisch für das Türkische sind die bedeutungstragenden Nachsilben, die mitunter erstaunliche »Bandwürmer« entstehen lassen.

bekle-mi-yor-um (a) (b) (c) (d)	ich warte nicht

(a) Verbstamm (warten)
(b) Verneinungsendung (nicht)
(c) Gegenwartsendung
(d) Personalendung für die 1. Person Singular (ich)

Zu den wichtigsten Lautgesetzen des Türkischen gehört die Vokalharmonie. Die Vokale in den Endungen werden nach bestimmten Regeln durch diejenigen der vorausgehenden Silben beeinflußt. Dabei gelten **a, ı, o, u** als dunkle oder hintere Vokale und **e, i, ö, ü** als helle oder vordere Vokale. Man unterscheidet zwischen der großen und der kleinen Vokalharmonie.

Kleine Vokalharmonie

	a ı o u	**e i ö ü**	**çocuk**	Kind
Endungen	**a**	**e**	**çocuklar**	Kinder

Große Vokalharmonie

	a ı	o u	e i	ö ü	**köy**	Dorf
Endungen	ı	u	i	ü	**köyü**	Dorf (Akk.)

Die meisten Endungen verändern sich nach der großen Vokalharmonie, wie zum Beispiel die Personalendungen des Verbs. Die Pluralendung **(-ler/-lar)** richtet sich jedoch immer nach der kleinen Vokalharmonie.

Konsonantenassimilation

Eng verbunden mit der Vokalharmonie im Türkischen ist die Assimilation von Konsonanten.

Wenn den harten Konsonanten **ç, k, p** und **t** am Wort- und Silbenende ein Vokal folgt, werden sie zu **c, ğ, b** und **d** erweicht.

mutfak	Küche	Akkusativ: **mutfağı**

Eine Erhärtung weicher Konsonanten am Anfang von Nachsilben erfolgt bei **c** und **d.** Sie werden zu **ç** und **t.**

Türkçe	Türkisch

Substantiv

Im Türkischen gibt es weder ein grammatisches Geschlecht noch einen Artikel *(der, die, das)*. Das Zahlwort **bir** *(eins)* dient gleichzeitig als unbestimmter Artikel.

polis	der Polizist	**bir polis**	ein Polizist

Die Pluralbildung mit den Endungen **-ler** bzw. **-lar** verläuft gemäß der kleinen Vokalharmonie.

çiçek	Blume	**çiçekler**	Blumen
araba	Auto	**arabalar**	Autos

Nach Zahlwörtern und Mengenangaben steht immer der Singular des Substantivs.

beş kadın	fünf Frauen
birkaç çocuk	einige Kinder

Die türkische Deklination kennt sechs Fälle, die jeweils verschiedene Endungen annehmen. Die ersten vier Fälle (Nominativ, Genitiv, Dativ und Akkusativ) entsprechen ihrer Funktion nach ungefähr dem Deutschen. Der Lokativ bezeichnet den Ort *(wo)*, der Ablativ einen Ausgangspunkt, eine Trennung oder Entfernung *(woher, von … weg)*.

	Singular		Plural
Nominativ	**köy**	das Dorf	**köyler**
Genitiv	**köyün**	des Dorfes	**köylerin**
Dativ	**köye**	dem Dorf	**köylere**
Akkusativ	**köyü**	das Dorf	**köyleri**
Lokativ	**köyde**	im Dorf	**köylerde**
Ablativ	**köyden**	vom Dorf	**köylerden**

Adjektiv

Adjektive stehen vor dem Substantiv. Sie sind unveränderlich.

uzun yol die lange Straße **uzun yollar** die langen Straßen

Die Steigerung erfolgt mit Hilfe der Wörter **daha** für den Komparativ und **en** für den Superlativ.

daha geniş weiter **en geniş** am weitesten

Personalpronomen

	ich	du	er/sie/es	wir	ihr/Sie	sie
Nominativ	**ben**	**sen**	**o**	**biz**	**siz**	**onlar**
Genitiv	**benim**	**senin**	**onun**	**bizim**	**sizin**	**onların**
Dativ	**bana**	**sana**	**ona**	**bize**	**size**	**onlara**
Akkusativ	**beni**	**seni**	**onu**	**bizi**	**sizi**	**onları**
Lokativ	**bende**	**sende**	**onda**	**bizde**	**sizde**	**onlarda**
Ablativ	**benden**	**senden**	**ondan**	**bizden**	**sizden**	**onlardan**

Das Personalpronomen wird ausgelassen, wenn die Endung des Verbs genügend Auskunft über die Person gibt.

Possessivpronomen

Die besitzanzeigenden Fürwörter werden im Türkischen durch Nachsilben ausgedrückt, die man an das Substantiv anfügt.

Nach einem Konsonanten		Nach einem Vokal	
mein	**-im**	mein	**-m**
dein	**-in**	dein	**-n**
sein/ihr/sein	**-i**	sein/ihr/sein	**-si**
unser	**-imiz**	unser	**-miz**
euer	**-iniz**	euer	**-niz**
ihr	**-leri**	ihr	**-leri**

çanta die Tasche **çantam** meine Tasche

Demonstrativpronomen

Bu weist auf Gegenstände in unmittelbarer Nähe, **şu** auf sich etwas weiter weg befindliche und **o** auf sehr entfernt liegende hin.

	Singular	Plural
dieser/diese/dieses	**bu**	**bunlar**
jener/jene/jenes	**şu**	**şunlar**
jener/jene/jenes	**o**	**onlar**

Bu ne demektir? Was bedeutet dies?
Şu ev teyzemindir. Jenes Haus gehört meiner Tante.

Postpositionen

Im Türkischen werden eine Reihe von Präpositionen im Gegensatz zum Deutschen *hinter* das Substantiv gestellt.

çocuk	Kind	**çocuk için**	für das Kind
kardeş	Bruder	**kardeşi gibi**	wie ein Bruder
Almanya	Deutschland	**Almanya'dan**	aus Deutschland

Hilfsverben

Das Hilfsverb *sein* nimmt meist die Form einer Nachsilbe an.

ich bin	**-im**	wir sind	**-iz**
du bist	**-sin**	ihr seid	**-siniz**
er/sie/es ist	**(-dir/-tir)***	sie sind	**(-dir/-tir) *ler**

Evde-y-im. Ich bin zu Hause.

Das **y** wird hier eingefügt, um das Aufeinanderfolgen von zwei Vokalen zu vermeiden.

Die türkische Sprache kennt kein besonderes Verb für *haben*. Es gibt zwar eine Übersetzungsmöglichkeit mit **var**.

Ateşim var. Ich habe Fieber.

Yok wird in der Bedeutung von *nicht haben* angewendet.

Param yok. Ich habe kein Geld.

Vollverben

Der Infinitiv im Türkischen besteht aus einem ein- oder zweisilbigen Stamm und der Endung **-mek** oder **-mak.**

almak nehmen

Wurzel: **al** (+**ı,** um die Aussprache zu erleichtern).

	Gegenwart	Vergangenheit
ich	**alı-yor-um**	**al-dım**
du	**alı-yor-sun**	**al-dın**
er/sie/es	**alı-yor**	**al-dı**
wir	**alı-yor-uz**	**al-dık**
ihr/Sie	**alı-yor-sunuz**	**al-dınız**
sie	**alı-yor-lar**	**al-dılar**

* diese Endung wird oft weggelassen.

Verneinung

Die Verneinung wird im Türkischen mit Hilfe der Binnensilbe **-m** plus Vokal gebildet. Dieser richtet sich in Abhängigkeit von der Verbform nach der großen oder kleinen Vokalharmonie.

vermek	geben		
ver-iyor-um	ich gebe	**ver-miyor-um**	ich gebe nicht

Das Hilfsverb *sein* bildet eine Ausnahme. In diesem Fall benutzt man das Wort **değil.**

Yorgun değilim.	Ich bin nicht müde.

Fragen

Bei Bildung eines Fragesatzes verändert sich die Wortstellung nicht. Es wird lediglich die Silbe **mi-** vor die Personalendung gesetzt.

Türksünüz.	Sie sind Türke.
Türk müsünüz?*	Sind Sie Türke?

Satzstellung

Das Subjekt steht wie im Deutschen meist am Satzanfang, das Verb am Ende des Satzes. Der Satzteil mit der größeren Bedeutung befindet sich grundsätzlich weiter hinten.

Biz gelecek hafta Türkiye'ye gidiyoruz.	Wir fahren nächste Woche in die Türkei.

* **mi** wird durch die große Vokalharmonie zu **mü.**

Wörterverzeichnis
und alphabetisches Register

Deutsch-Türkisch

ankommen varmak 11, 65, 66, 68; gelmek 68, 70
Ankunft varış 65, 68
anlegen *(Schiff)* yanaşmak 74
Anlegeplatz iskele 74
anmelden, sich randevu almak 30
Anmeldeschein beyanname 26
Anmeldung *(Hotel)* kayıt 25
annähen dikmek 29
annullieren iptal etmek 65
Anorak anorak 112
anprobieren denemek 111
Anruf telefon 136
anrufen aramak (telefonlar) 136
Anschluß *(Zug usw.)* bağlantı 65
Anschrift adres 79
Ansichtskarte resimli kartpostal 115
anspringen *(Motor)* çalışmak 78
ansteckend bulaşıcı 142
Anstecknadel iğne 122
Antibabypille doğum kontrol hapı 141
antiquarisch elden düşme 115
Antiquitäten antika eşya 83
Antiquitätengeschäft antikacı dükkânı 98
antworten cevap vermek 136
anzeigen *(Polizei)* ihbar etmek 157
Anzug erkek elbisesi 112
Apfel elma 53, 59, 64, 124
Apfelsaft elma suyu 59
Apfelsine portakal 38, 53, 64
Apotheke eczane 98, 104
Aprikose kayısı 53, 124
April Nisan 151
arbeiten çalışmak 93
Archäologie arkeoloji 83
Architekt mimar 83
Architektur mimari 83
Arena arena 81
Arm kol 138, 139
Armband bilezik 122
Armbanduhr kol saati 122
Ärmel kol 112, 142
ärmellos kolsuz 112
Armreif bilezik 122
Art çeşit 108
Arterie atardamar 138
Artikel eşya 100
Artischocke enginar 49
Arznei ilaç 104, 143
Arzt/Ärztin doktor 79, 137, 144, 157
ärztlich sağlık 144
Arztpraxis muayenehane 137
Aschenbecher küllük 27, 36
Asien Asya 147
Aspirin aspirin 105
Asthma astım 141
atmen nefes almak 142
Attraktion atraksiyon 88
Aubergine patlıcan 42, 49, 50
auch de/da 15
auf üzerinde 15
Aufführung temsil 86
aufgeben *(Gepäck)* teslim etmek 71; *(Post)* postaya vermek 28; *(Telegramm)* çekmek 133
Aufhellung renk açma 30
aufmachen açmak 70, 142
Aufnahme *(Foto)* poz 120
aufschreiben yazmak 12, 101
Aufschrift levha 156
aufstehen yataktan kalkmak 144
Auf Wiedersehen allahaısmarladık 10; güle güle 10
Aufzug asansör 103, 156
Auge göz 125, 138, 139
Augenarzt göz doktoru 137
Augenbrauenstift kaş kalemi 106
Augentropfen göz damlası 105
August Ağustos 151
Ausdruck deyim 12, 131
Ausfahrt araba gezisi 96
Ausflug gezinti 80
ausfüllen doldurmak 26, 133, 144
Ausgang çıkış 67, 103, 156
ausgeben harcamak 101
ausgehen çikmak 95
Auskunft danışma 67, 156; *(Telefon)* santral 134
Ausland yurtdışı 133
Auspuff egzos 78
Ausrüstung teçhizat 91
Ausschlag isilik 139
außer dışında 15
Aussicht manzara 25
Aussprache telaffuz 12
aussteigen inmek 72
Ausstellung sergi 81
Auster istiridye 40, 44
Australien Avustralya 147
Ausverkauf indirimli satışlar 99
ausverkauft *(Theater)* hepsi satıldı 88
auswechseln değiştirmek 125
ausziehen, sich soyunmak 142
Auto otomobil, araba 19, 20, 32, 75, 76, 78, 79

Bilanz bilanço 131
Bild tablo 83
Bilderbuch resimli kitap 115
Bildhauer heykeltraş 83
Bildhauerei heykeltraşlık 83
billig ucuz 14, 24, 25, 101
Binde *(Verband)* sargı 105
Bindfaden sicim 115
Birne armut 53; *(Glüh-)* ampul 28
bis kadar 15
bißchen biraz 30, 37
Bißwunde ısırık yarası 139
bitte lütfen 10
bitten rica etmek 136
bitter aci 61
Blase *(Organ)* idrar torbası 138
Blasenentzündung sistit 142
blau mavi 109
bleiben kalmak 16, 24, 26, 92, 136, 142
Bleistift kurşun kalem 115
Bleistiftspitzer kalemtraş 115
Blick *(Aussicht)* manzara 23
Blinddarmentzündung apandisit 142
Blitz şimşek 94
Blitzlicht flaş 121
Blume çiçek 85, 159
Blumengeschäft çiçekçi dükkânı 98
Blumenkohl karnıbahar 49
Bluse bluz 112
Blut kan 142
Blutdruck tansiyon 141, 142
bluten kanamak 139, 145
Bluttransfusion kan nakli 144
Bohne fasulye 49; *(grüne)* yeşil fasulye 49
Bonbon akide şekeri 124, 126
Boot sandal 74
Börse borsa 81
Botanik botanik 83
Botanischer Garten botanik bahçesi 81
Botschaft büyükelçilik 157
Boxen boks 89
Brandwunde yanık yarası 139
Branntwein içki 58
Braten kızartma 46
Bratpfanne tava 117
brauchen ihtiyacı olmak 90, 114, 130, 137, 142; lâzım olmak 13
braun kahverengi 109
Brausetablette suda eriyen tablet 105
brechen kırmak 139, 140
breit bol 101
Bremse fren 78
Bremsflüssigkeit hidrolik yağı 75
Bremslicht fren lâmba 78
Brennspiritus ispirto 117
Brief mektup 132
Briefkasten posta kutusu 132
Briefmarke posta pulu 28, 126, 132, 133
Briefpapier mektup kâğıdı 27, 115
Brieftasche para cüzdanı 157
Briefumschlag mektup zarfı 27, 115
Brille gözlük 125
Brillenetui gözlük kılıfı 125
bringen getirmek 13, 57, 61, 94; götürmek 21; taşımak 18, 31
Brombeere böğürtlen 53
Brosche broş 122
Brot ekmek 36, 38, 64, 124
Brötchen küçük ekmek 38, 64
Brücke köprü 85
Bruder erkek kardeş 93
Brunnen çeşme 81
Brunnenkresse roka 49
Brust göğüs 46, 138, 141
Brustkorb göğüs kafesi 138
Buch kitap 12, 115
buchen rezerve etmek 65
Buchhandlung kitabevi 98, 115
Büchse kutu 124
Büchsenöffner konserve açacağı 117
buchstabieren hecelemek 12
Bügeleisen ütü 119
bügeln ütülemek 29
Bundesrepublik Deutschland Federal Almanya Cumhuriyeti 146
Bungalow bungalov 32
bunt renkli 109
Buntstift renkli kalem 115
Burg kale 81
Büro büro 67
Büroklammer ataş 115
Bürste fırça 107
Bus otobüs 11, 18, 19, 65, 66, 72, 80, 96
Bushaltestelle otobüs durağı 19, 72
Busstation otogar 66
Büstenhalter sutyen 112
Butangas bütangaz 32, 117
Butter tereyağ 36, 38, 64

C

Camping kamp yapma 32
Campingausrüstung kamp malzemesi 117

Campingbett kamp yatağı 117
Campingplatz kamp yeri 32
CD kompakt disk 127
Champagner şampanya 57
chemische Reinigung kuru temizleme 29, 99
Chicorée acımarul 49
Chiffon şifon 110
China Çin 146
Chirurg cerrah 144
Chrom krom 123
Cousin kuzen 93
Cousine kuzin 93
Creme krem 54, 106

D

Dame bayan 156; kadın 108
Damenbinde adet bezi 105
Damenschneiderin kadın terzisi 99
Dampfschiff vapur 74
Dänemark Danimarka 146
danke teşekkür ederim 10
dann sonra 15
Darm barsak 138
das bu, şu, o 11, 13
Dattel hurma 53
Datum tarih 25, 152
dauern sürmek 61, 66, 74, 79, 86, 102, 120
Dauerwelle perma 30
Daumen başparmak 138
Deck güverte 74
Decke battaniye 27
Delikatessengeschäft şarküteri 98
denken düşünmek 92
Denkmal âbide 81
Deodorant deodorant 106
Desinfektionsmittel dezenfektan 105
deutsch Alman 115
Deutsch Almanca 12, 16, 80, 82, 84, 115, 137
Deutscher/Deutsche Alman 13, 146
Deutschland Almanya 17, 132, 134, 146
Dezember Aralık 151
Dia slayd 120
Diabetiker şeker hastası 37, 141
Diamant elmas 123
Diät perhiz 37
dick kalın 113
Dieb hırsız 157
Diebstahl hırsızlık 157
Dienstag salı 152
dies bu 11, 13
Diesel motorin 75
dieser bu 161
Digital- dijital 122
Dill dereotu 52
direkt direkt 65
Direktor müdür 27
Dirigent orkestra şefi 87
Disc Film disc film 120
Diskothek diskotek 88, 96
D-Mark Alman markı 18, 130
Dolmetscher/-in tercüman 131
Donner gök gürültüsü 94
Donnerstag perşembe 152
Doppelbett çift kişilik geniş yataklı 23
Doppelzimmer çift kişilik oda 19, 23
Dorf köy 85, 158, 160
dort orada 14
dorthin oraya 100
Dose kutu 124
Dosenöffner konserve açacağı 117
draußen dışarıda 14
Drehbleistift mekanik kurşun kalem 115
drei üç 148
dreißig otuz 148
dreizehn on üç 148
dringend acele 145
drinnen içeride, içinde 14
dritte üçüncü 150
Drittel üçte bir 150
Drogerie ıtriyatçı 98, 104
drücken itmek 156
Druckknopf çıtçıt 113
Drüse beze 138
du sen 160
dunkel karanlık 25; *(Bier)* siyah 57
dünn ince 110
durch içinden 15
Durchfall barsak bozukluğu 140
durchgebraten iyi pişmiş 46, 61
durchgehend *(Zug)* ekspres 68, 69
Durchreise transit geçiş 16
Durchschlagpapier kopya kâğıdı 115
Durst haben susamak 13, 35
Dusche duş 23, 28, 32
Dutzend düzine 150
duzen «sen» demek 96

E

Ebbe cezir 91
echt gerçek 114, 122
Ecke köşe 21, 36, 77

F

WÖRTERVERZEICHNIS

Sözlük

Frikadelle köfte 46, 47
frisch taze 53, 61
Friseur berber 27, 30, 99
fröhlich neşeli 153
Frost don 94
Frottee havlu kumaş 110
Frucht meyve 54
Fruchtsaft meyve suyu 37, 38, 59
früh erken 14, 31, 154
Frühling ilkbahar 151
Frühstück kahvaltı 24, 26, 38
frühstücken kahvaltı yapmak 26, 38
fühlen hissetmek 140, 142
Führerschein şoför ehliyeti 16, 20
Führung kılavuzlu gezi 82
Füllfederhalter dolmakalem 116
Fundbüro kayıp eşya bürosu 67, 99, 157
fünf beş 148
fünfte beşinci 150
fünfzehn on beş 148
fünfzig elli 148
funktionieren çalışmak 28, 119
für için 15
Furunkel kan çıbanı 139
Fuß ayak 138; *(zu Fuß)* yürüyerek 66, 76, 85
Fußball futbol 89
Fußgänger yaya 79

G

Gabardine gabardin 110
Gabel çatal 36, 61, 118
Gallenblase safra kesesi 138
Gangschaltung vites 78
Gans kaz 48
ganz bütün 143
Garage garaj 26
Garderobe vestiyer 88
Garnele karides 40, 44
Garten bahçe 85
Gas gaz 126, 157
Gaskocher havagazı ocağı 117
Gaze gazlı bez 105
Gebäck pasta 64
gebacken *(im schwimmenden Fett)* *kızarmış* 45; *(im Ofen)* fırında pişmiş 45, 46, 51
Gebäude bina 81, 83
geben vermek 13, 95, 125, 126, 130, 140, 143, 163
Gebet namaz 84
Gebetsteppich namaz seccâdesi 127
Gebiß takma diş 145
geboren werden doğmak 151
gebraten tavada kızarmış 45, 46, 51
Gebrauch ihtiyaç 17
Gebrauchtwarenladen eskici dükkânı 98
gebrochen kırık 139, 140
Gebühr komisyon 130; ücret 136
Geburtsdatum doğum tarihi 25
Geburtsort doğum yeri 25
Geburtstag doğum günü 152, 153
gedämpft *(Küche)* buğulama 45
gedünstet yahni 45, 46
Gefahr tehlike 79, 156, 157
gefährlich tehlikeli 79, 91
gefallen beğenmek 25, 92, 101, 108, 109
Geflügel kümes hayvanları 48
gefüllt dolma 45, 46, 50, 51
gegen karşı 15, 143; *(Richtung)* doğru 15, 31
Gegend bölge 90
Gegensatz zıt anlamlı 14
gegenüber karşısında 77
gegrillt ızgara 45, 51
gehen gitmek 85, 88, 95, 96, 157
gehören ait olmak 29
gekocht haşlama 38, 42, 45, 46, 51
Geländewagen arazi arabası 74
gelb sarı 109
Gelbsucht sarılık 142
Geld para 103, 129, 130, 157
Geldschein banknot 130
Geldwechsel kambiyo 18, 129
Gelenk eklem 138
gemischt karışık 42
Gemüse sebze 49
Gemüsehandlung manav 98
genug yeter 14
geöffnet açık 82
Geologie jeoloji 83
Gepäck bagaj 18, 21, 26, 31, 67, 71
Gepäckaufbewahrung bagaj deposu 18, 71
Gepäckhandwagen bagaj arabası 18, 71
Gepäckträger hamal 18, 71
geradeaus doğru 21, 77
geräuchert füme 45
Gericht *(Speise)* yemek 37
Gerichtshof mahkeme 81
gern memnuniyetle 95, 96
Gesang şarkı 128

H

Halskette kolye 122
Halsschmerzen boğaz ağrısı 141
Halstabletten boğaz pastili 105
Halstuch atkı 112
Halt! dur! 157
halten durmak 21, 68, 70, 72, 79
Haltestelle durak 72
Hammelfleisch koyun eti 46
Hammer çekiç 117
Hand el 111, 138
Handarbeit elişi 110
Handcreme el kremi 106
handgewebt el örgüsü 110
Handschuh eldiven 112
Handtasche el çantası 113, 157
Handtuch havlu 27
Hängematte hamak 117
hart sert 125; *(Ei)* katı 38
Hase tavşan 48
Haselnuß fındık 52, 53
häßlich çirkin 14, 84
Haupt- asıl 100
Hauptrolle baş rol 87
Haus ev 83, 85, 96
Hausschuh terlik 114
Haut cilt 106, 138
Hecht turna 44
Heftklammer tel raptiye 116
Heftpflaster flaster 105
Heidelbeere yaban mersini 53
heiß sıcak 14, 38, 156
heißen adlandırmak 35, 92
heizen ısıtmak 90
Heizung ısıtma 23, 28
helfen yardım etmek 13, 21, 71, 78, 100, 103
hell açık 101, 109, 126; *(Bier)* beyaz 57
Hemd gömlek 112
Herbst sonbahar 151
Hering *(Zelt)* çadır kazığı 117
Herr erkek 108; *(Anrede)* bay 10
Herrenschneider erkek terzisi 99
herrlich nefis 84, 94
Herz kalp 138
Herzanfall kalp krizi 141
Herzklopfen çarpıntı 141
herzlich candan 153
Heuschnupfen bahar nezlesi 104
heute bugün 29, 94, 152
hier burada 14
Hilfe imdat 157
Himbeere ahududu 53
Himmel gök 94
hinauf yukarı 14
hinfallen düşmek 139
hinlegen, sich uzanmak 142
hinsetzen, sich oturmak 95
hin und zurück *(Fahrt)* gidiş-dönüş 69
hinten arkada 88, 145
hinter arkasında, arkasına 15
hinterlegen yatırmak 20
hinunter aşağı 14
Hirn beyin 46
Hitze sıcak 94
hoch yüksek 85, 114, 131, 141
Hochsaison mevsim içi 151
Höhle mağara 85
Holzkohle odun kömürü 117
Honig bal 38
Honorar ücret 144
hören *(zuhören)* dinlemek 128
Hose pantolon 112
Hosenträger pantolon askısı 112
Hotel otel 19, 21, 22, 30, 80, 96, 102
Hotelpersonal otel personeli 27
Hotelreservierung otel rezervasyonu 19
Hotelverzeichnis otel listesi 19
hübsch sevimli 84
Hubschrauber helikopter 74
Hüfthalter korse 112
Hügel tepe 85
Huhn tavuk 48; *(Hühnchen)* piliç 48
Hühneraugenpflaster nasır için flaster 105
Hummer istakoz 44
Hund köpek 139, 156
hundert yüz 149
Hunger haben acıkmak 13, 35
Husten öksürük 104, 141
husten öksürmek 142
Hustensaft öksürük şurubu 105
Hut şapka 112
Hypothek ipotek 131

I

ich ben 160
Identitätskarte kimlik belgesi 16
ihr siz 160
Imbiß çabuk yemek 63
immer daima 15
impfen aşılanmak 140
in içinde 15
inbegriffen dahil olmak 20, 24, 31, 32, 62, 80

Kristall kristal 123
Küche mutfak 34, 36, 159
Kuchen pasta 37, 64
Kugelschreiber tükenmez kalem 116
Kühlbeutel soğutma torbası 117
Kühler radyatör 78
Kühltasche soğutma çantası 117
Kümmel kimyon 52
Kunst sanat 83
Kunstgalerie sanat galerisi 81, 99
Kunsthandwerk el sanatları 83
Künstler/-in sanatçı 83
Kupfer bakır 123
Kupferwaren bakır eşya 127
Kupplung debriyaj 78
Kürbis sakızkabağı 49
Kurs kurs 16
Kurtaxe vergi 24, 32
Kurve viraj 79
kurz kısa 30, 101, 111, 112
kurzsichtig miyop 125
Kurzwarenhandlung tuhafiye mağazası 98

L

Lachs som balığı 44
Laden dükkân 98; mağaza 98
Lamm kuzu 40, 46
Lammkeule kuzubudu 47
Lampe lamba 29, 117, 119
Land ülke 92, 146
Landkarte harita 116
Landschaft manzara 85, 92
lang uzun 101, 111, 112, 126; *(zeitlich)* süresince 151
langsam yavaş 12, 14, 21, 79, 135
lassen bırakmak 26, 96, 157
Laterne fener 117
Lauch pırasa 49
laut gürültü 25; *(Stimme) yüksek 135*
läuten çalmak 156
Lautsprecher hoparlör 119
leben yaşamak 83
Lebensmittelgeschäft bakkaliye 98, 124
Lebensmittelvergiftung zehirlenme 142
Leber (kara)ciğer 46, 138
Leder deri 110, 114
Lederwarengeschäft deri eşya mağazası 98
ledig bekâr 93
leer boş 14, 78
leicht hafif 14, 54, 56, 100, 111; *(nicht schwierig)* kolay 14
Leichtathletik atletizm 89
leider ne yazık ki 95, 103
leihen ödünç vermek 78
Leinen keten 110
Leselampe başucu lambası 27
lesen okumak 40
letzte son 66, 68, 96; *(zeitlich)* geçen 92, 150, 151, 152
Leute halk 92
Libanon Lübnan 147
Licht *(elektr.)* elektrik 28
Lidschatten far 106
Lidstift göz kalemi 106
Lied şarkı 128
liefern teslim etmek 102
Lieferung teslim 102
Liegestuhl şezlong 91, 117
Liegewagen kuşetli vagon 69
Likör likör 58
lila eflâtun 109
Limonade limonata 59
Lineal cetvel 116
Linie hat 136
links solda 69, 77; *(nach links)* sola 21, 30, 77
Linse *(Gemüse)* mercimek 42, 49; *(Optik)* lens 115
Lippe dudak 138
Lippenpommade dudak kremi 106
Lippenstift ruj 106
Liter litre 56, 124
Loch delik 29
Locher zımba 116
Lockenwickler bigudi 107
Löffel kaşık 36, 61, 118
Löschpapier kurutma kağıdı 116
Luftmatratze hava yatağı 117
Luftpost, per uçakla 132
Luftpumpe hava pompası 117
Lunge akciğer 138
Lungenentzündung zatürrie 142
Lupe büyüteç 125
Luxemburg Lüksemburg 147

M

machen yapmak 16, 29, 71, 74, 79, 131
Mädchen kız çocuk 108, 128
Magen mide 138
Magenschleimhautentzündung gastrit 142

Oktober Ekim 151
Öl yağ 37, 75
Olive zeytin 38, 41, 49
Omelett omlet 42
Onkel amca, dayı 93
Onyx oniks 123
Oper opera 87
Operation ameliyat 144
Operette operet 87
operieren ameliyat etmek 142
Opernhaus opera binası 81, 87
Optiker gözlükçü 98, 125
Orange portakal 38, 53, 59
orange turuncu 109
Orangensaft portakal suyu 38, 59
Orchester orkestra 87
originell değişik 100
Ort yer 25, 76
orthodox ortodoks 84
Osten doğu 77
Ostern paskalya 153
Österreich Avusturya 17, 132, 134, 146, 147
Österreicher/-in Avusturyalı 146
österreichisch Avusturya 130
Overall tulum 112

P

Paar çift 112, 114, 150
Packung paket 124
Paket paket 133
Palast saray 81
Pampelmuse greypfurt 38, 53, 59
Pampelmusensaft greypfurt suyu 59
Panne arıza 78
Papier kâğıt 116
Papierserviette kâğıt peçete 117
Papiertaschentuch kâğıt mendil 106
Paprikaschote biber 49, 50
Parfüm parfüm 106
Parfümerie parfümerie mağazası 104
Park park 81
parken park etmek 26, 77
Parkhaus kapalı park yeri 77
Parkplatz park yeri 77
Parlamentsgebäude parlamento binası 81
Party parti 95
Paß pasaport 16, 17, 25, 26, 157; *(Gebirge)* geçit 85
Paßbild vesikalık fotoğraf 120
Paßkontrolle pasaport kontrolü 16
Paßnummer pasaport numarası 25
passen *(Kleidung)* uymak 111
Pastete börek 64
Patient/-in hasta 144
Pelzgeschäft kürkçü dükkânı 98
Pelzmantel kürk manto 112
Penizillin penisilin 143
Pension pansiyon 19, 22
Periode *(Regel)* aybaşı 141
Perle inci 123
Perlmutter sedef 123
Person kişi 32, 35
Personal personel 27
Personalausweis kimlik belgesi 16
persönlich kişisel 17
Perücke peruk 107
Petersilie maydanoz 52
Petroleum gazyağı 117
Pfarrer protestan rahip 84
Pfeffer karabiber 37, 38, 52, 64
Pfefferminze nane 52, 59
Pfefferminztee kaynamış nane 59
Pfeife pipo 126, 127
Pfeifenbesteck pipo takımı 126
Pfeifenreiniger pipo temizleyicisi 126
Pfeifenstopfer pipo çubuğu 126
Pfeifentabak pipo tütünü 126
Pferderennbahn hipodrom 89
Pferderennen at yarışı 89
Pfirsich şeftali 53, 124
Pflanze bitki 85
Pflaume erik 53
pflegeleicht temizlenmesi kolay 111
Pflegespülung saç kremi 107
Pfund yarım kilo 124
Picknick piknik 63
Picknickkorb piknik sepeti 117
Pille *(Antibabypille)* doğum kontrol hapı 141
Pilz mantar 42, 49
Pinzette cımbız 106
Planetarium rasathane 81
Plastik plastik 118
Plastikbeutel plastik torba 117
Platin platin 123
Plattenspieler pikap 119
Plattfuß *(Auto)* havasız iç lastik 78
Platz yer 32, 69, 70, 87, 88, 156; *(öffentlicher)* meydan 81
Platzreservierung rezervasyon bürosu 19, 67
Plombe dolgu 145
Polen Polonya 147
Politik politika 83
Polizei polis 79, 157
Polizeiwache polis karakolu 99, 157

Ponyfransen kâhkül 30
Popmusik pop müzik 128
Portier kapıcı 27
Portion porsiyon 37, 54, 61
Portugal Portekiz 147
Post posta 28, 133
Postamt postane 19, 99, 132
Postanweisung havale 133
Postkarte kartpostal 116, 126, 132
postlagernd postrestant 133
Präservativ prezervatif 105
Preis ücret 80
preiswert ucuz 35, 120
Priester rahip 84
prima fevkalade 95
privat özel 91, 156
probieren *(Speise)* tatmak 35
Programm program 87
Prost! şerefe! 58
protestantisch protestan 84
Proviantbehälter yiyecek kutusu 117
provisorisch geçici 145
Prozent yüzde 150
Prozentsatz yüzde 131
prüfen kontrol etmek 75
Puder pudra 106
Pullover kazak 108, 113
pünktlich zamanında 68
Puppe oyuncak bebek 128

Q

Qualität kalite 110
Quarz kuarz 122
Quelle kaynak 85
Quetschung zedelenme 140
Quittung makbuz 102, 103, 144

R

Rabatt indirim 131
Rabbiner haham 84
Rad tekerlek 78; *(Fahr-)* bisiklet 74, 156
Radfahren bisiklete binme 90
Radfahrweg bisiklet yolu 156
Radiergummi silgi 116
Radieschen turp 49
Radio radyo 24, 28, 119
Radiowecker uyandıran radyo 119
Radrennen bisiklet y avişi 89
rasch çabuk 137
Rasierapparat tıraş makinesı 26, 106, 119
Rasiercreme tıraş kremi 106
rasieren *(lassen)* sakal tıraşı olmak 31
Rasierklinge tıraş biçağı 106
Rasierpinsel tıraş fırçası 106
Rasierschaum tıraş köpüğü 106
Rasierwasser tıraş losyonu 106
Rathaus belediye binası 81
rauchen sigara içmek 95, 156
Rechnung hesap 31, 62; *(Waren)* fatura 131
rechteckig dikdörtgen 101
rechts sağda 69, 77; *(nach rechts)* sağa 21, 30, 77
rechtzeitig zamanında 154
Redewendung deyim 100
Regal raf 124
Regen yağmur 94
Regenmantel yağmurluk 113
Regenschirm şemsiye 113
Regisseur rejisör 87
regnen yağmak 94
Reifen lastik 75, 76
rein saf 110
reinigen temizlemek 29, 76
Reinigungscreme temizleme kremi 106
Reis pilav 51
Reise yolculuk 66, 119, 153
Reisebüro seyahat acentası 99
Reiseführer rehber kitabı 115, 116
Reisekrankheit yol tutması 104
reisen gezmek 93
Reisepaß pasaport 16, 17, 25, 26, 157
Reisescheck seyahat çeki 18, 62, 102, 129, 130
reißen yırtmak 140
Reißnagel raptiye 116
Reißverschluß fermuar 113
Reißzwecke raptiye 116
Reiten *at binme* 90
Reklamation şikâyet 61
Religion din 84
Rennbahn hipodrom 89
Rentner/-in emekli 82
Reparatur tamir 79, 114, 121
Reparaturwerkstatt tamirhane 79
reparieren tamir etmek 29, 79, 114, 119, 121, 122, 125, 145
reservieren rezerve etmek 19, 23, 156; ayırmak 35, 69
Reservierung rezervasyon 19, 69
Restaurant restoran 32, 33, 67; lokanta 33, 35
Rettungsboot cancurtaran sandalı 74

Rettungsdienst cankurtaran hizmeti 91
Rettungsring cankurtaran simidi 74
Rezept *(Arzt)* reçete 104, 143
R-Gespräch ödemeli görüşme 135
Rhabarber ravent 53
Rheumatismus romatizma 141
richtig doğru 12, 14, 70, 76
Richtung yön 76
Rindfleisch sığır eti 46
Ring yüzük 123
ringen güreş 89
Ringbuch klasör 116
Rippe kaburga kemiği 138
Roastbeef rozbif 46
robust sağlam 100
Rock etek 113
Rolladen kepenk 29
Rolle rulo 124; *(Theater)* rol 87
Rollkragen dik yaka 113
Rollschuh tekerlekli paten 128
Rolltreppe yürüyen merdiven 103
röntgen röntgen çekmek 140
rosa pembe 109
Rosenkohl Brüksel lâhanası 49
Rosenkranz tespih 123
Rosine kuru üzüm 52, 53
rostfreier Stahl paslanmaz çelik 118, 123
rot kırmızı 56, 109
rote Bete/Rübe pancar 49
Rotkohl kırmız lahana 49
Rotwein kırmızı şarap 56
Rouge allık 107
Rubin yâkut 123
Rücken sırt 138
Rückenschmerzen sırt ağrısı 141
Rucksack sırt çantası 118
Ruderboot kürekli kayık 91
rufen çağırmak 61, 79, 157
Ruhetag tatil günü 152
ruhig sakin 23, 25
Rührei çarpılmış yumurta 38
Ruine harabe 81
rund yuvarlak 101, 113
Rundfahrt tur 80

S

Safe kasa 26
Saft su 38, 59
sagen söylemek 12, 13, 72, 76, 94, 136, 154
Saison mevsim 151
Salami salam 64, 124
Salat salata 42, 53
Salbe merhem 105
Salz tuz 37, 38, 52, 64
salzig tuzlu 61
Sammeltaxi dolmuş 73
Samstag cumartesi 152
Samt kadife 110
Sandale sandalet 114
sandig kumlu 91
Sandwich sandviç 64
Saphir safir 123
Sardine sardalya 41, 44
Satin saten 110
Satz cümle 12
sauber temiz 61
Sauerkirschen vişne 53
sauer ekşi 61
Saugflasche biberon 107
Säugling bebek 107
Säuglingsnahrung bebek maması 107
Schachspiel satranç takımı 128
Schachtel kutu 124; *(Zigaretten)* paket 126
Schallplatte plak 127, 128
Schalter *(Licht-)* elektrik düğmesi 29; *(Post usw.)* gişe 132, 133
Schaltjahr artık yıl 150
scharf *(Speise)* baharatlı 61
Schaufel kürek 128
Schaufenster vitrin 100, 108
Schaumbad banyo köpüğü 107
Schauspieler/-in oyuncu 86
Scheck çek 131
Scheibe *(Brot, Wurst)* dilim 124
Scheibenwischer cam sileceği 76
Scheidenentzündung dölyolu iltihabı 141
Schein *(Geld-)* banknot 130
Scheinwerfer far 78
Scheitel saç ayırma 30
Schenkel bacak 138
Schere makas 118
schicken göndermek 78, 102, 103
Schiff gemi 73, 74
Schild levha 77
Schilling şilin 18, 130
Schinken jambon 38
Schlafanzug pijama 113
schlafen uyumak 71, 144
Schlafmittel uyku ilacı 105, 143
Schlafsack uyku tulumu 118
Schlafwagen yataklı vagon 68, 69, 71

selbstklebend yapışkan 116
Sellerie kereviz 42, 49
seltsam tuhaf 84
senden göndermek 132
Senf hardal 37, 52, 64, 124
September Eylül 151
Serviette peçete 36
Sesam susam 52
setzen, sich oturmak 95
Shampoo şampuan 107
Shorts şort 113
Sicherheitsnadel çengelli iğne 107
sie o, onlar 160
Sie siz 160
sieben yedi 148
siebte yedinci 150
siebzehn on yedi 148
siebzig yetmiş 149
Siegelring mühürlü yüzük 123
Silber gümüş 122, 123
silberfarben gümüş rengi 109
singen şarkı söylemek 87
Ski kayak 91
Skiausrüstung kayak teçhizatı 91
skifahren kayak yapmak 91
Skilift telesiyej 91
Skonto ıskonto 131
Smaragd zümrüt 123
Socke erkek çorabı 113
sofort hemen 31, 36, 79, 137
Sohle taban 114
Sohn oğul 93
Solist/-in solist 87
Sommer yaz 151
Sondertarif özel tarife 20, 65
Sonnabend cumartesi 152
Sonne güneş 94
Sonnenbrand güneş yanığı 104
Sonnenbrille güneş gözlüğü 125
Sonnencreme güneş kremi 107
Sonnenöl güneş yağı 107
Sonnenschirm güneş şemsiyesi 91
Sonnenstich güneş çarpması 141
Sonntag pazar 82, 87, 152
Sorte çeşit 124
Spanien İspanya 147
Spargel kuşkonmaz 49
spät geç 14, 154
Speisekarte menü 36, 39, 40
Speisesaal yemek salonu 27
Speisewagen restoran vagon 68, 70
Spezialist *(Arzt)* uzman hekim 142
Spezialität özel yemek 36
Spiegel ayna 111, 125
Spiegelei tavada yumurta 38
Spiel oyun 128; *(Wettkampf)* maç 89, 90
spielen oynamak 87, 89, 90; *(Musik)* çalmak 87
Spielkarte oyun kâğıdı 116
Spielplatz oyun alanı 32
Spielwaren oyuncaklar *pl* 128
Spielwarengeschäft oyuncakçı dükkânı 99
Spielzeug oyuncak 128
Spinat ıspanak 49
Spirituosenhandlung alkollü içkiler dükkânı 99
Spitze *(Textil)* dantel 110
Sport spor 89
Sportgeschäft spor mağazası 99
Sportjacke spor ceket 113
Sportveranstaltung spor karşılaşması 89
Sprachkurs dil kursu 16
sprechen konuşmak 12, 135; *(Sprachen)* bilmek 12, 16, 80
Sprechstunde muayene saati 137
Springbrunnen fıskiye 81
Spritze iğne 142, 143, 144, 145
Spülmittel bulaşık deterjanı 118
Stachelbeere bektaşi üzümü 53
Stadion stadyum 81
Stadt şehir 19, 21, 72, 76, 82
Stadtmauer sur 82
Stadtplan şehir plânı 19, 116
Stadtrundfahrt şehir turu 80
Stadtzentrum şehir merkezi 19, 21, 72, 76, 82
Stahl çelik 118
Stange *(Zigaretten)* karton 17, 126
stark kuvvetli 143
Starrkrampf tetanos 140
starten kalkmak 65
Station istasyon 70, 73
Stativ sehpa 121
statt yerine 37
Statue heykel 82
Steak biftek 46
stechen sokmak 139
Steckdose priz 26, 28
Stecker fiş 29, 119
stehlen çalmak 157
Stein taş 91
Steinbutt kalkan 44
steinig taşlı 91
stellen koymak 24

T

U

Türkçe fihrist

BULGARIEN
SCHWARZES MEER
GEORGIEN
Edirne
Samsun
Kars
İstanbul
Trabzon
MARMARA MEER
İzmit
Bursa
Erzurum
Sivas
ANKARA
Eskişehir
TÜRKEI
Van Gölü
Van
Elâzığ
Manisa
Kayseri
İzmir
Malatya
Diyarbakır
Konya
Denizli
Mardin
Bodrum
Adana
Gaziantep
Antalya
Mersin
ÄGÄIS
Antakya
IRAK
ZYPERN
SYRIEN
MITTELMEER